UTTA KEPPLER

# Die Droste

Utta Keppler

# Die Droste

*Das Leben der Dichterin*
*Annette von Droste-Hülshoff*

Biographischer Roman

Bechtle

Das Bild auf dem Schutzumschlag stellt ein Jugendbildnis der
Annette von Droste-Hülshoff dar. Eine eindeutige Zuschreibung
ist nicht möglich, es stammt vielleicht von C. H. N. Oppermann, Münster.
Museum Hans Rüschhaus.
Verwendung mit freundlicher Genehmigung des Westfälischen
Landesmuseums für Kunst und Kulturgeschichte sowie der
Droste-Forschungsstelle, Münster

© 1985 by Bechtle Verlag, Esslingen · München
Umschlaggestaltung: Christel Aumann, München
Satz: Filmsatz Schröter GmbH, München
Gesetzt aus 10.5/13 ITC-Garamond auf Linotron 202 N
Druck und Binden: Wiener Verlag, Himberg
Printed in Austria
ISBN 3-7628-0440-0

## Das Grab der Droste

Es regnet sanft. Fett drängt das Gras
Um blaue Samtgesichter der Violen,
Zitternde Zweige, nasse Mauerquader.
Das quillt und leuchtet: Regen, warmer Regen,
Dampfender Teppich. Dämmernd hingegeben
Spür ich sein buntes Vlies, halb unbewußt.
– Da find ich, was ich suchte: Schüchtern schmale
Gereihte Gräber, unscheinbare Male,
Kreuz, Pfeiler, Tafel, Hieroglyph.
Da steht der Name, der mich rief,
Der Falterfisch.
Aufbricht der sattgedüngte Grund,
Der Mütter Höhle, Ceres dunkler Mund,
Klafft auf. Blauzuckend faunisch Feuer
Schwelt hin. Ein glockenhafter Alt
Spricht Formeln: »... Moos ... und Ammonshorn im Wald,
Der See, im knisternden Gespinst
Der trocknen Halme wie geschmolz'nes Zinn ...«
Und eine Hand, Däumlein wie Vogelsporen,
Berührt mit starkem Zauberbann die Welt,
Aufspringt die Kruste, Grundgebirg zerschellt,
Türkisen glimmt in magischem Geleucht
Ein Auge. Wahr dich, du bestehst sie nicht,
Den Blick, die Stimme, das Gericht,
Das sie bestand und faßte, im Gedicht.

Utta Keppler

# Inhalt

# 1.

# Beginn einer
# Rechenschaft

*Annette.*
*Gemälde von J. J. Sprick*

. . . Jenny hat nicht gerufen, die ist am Briefeschreiben. Was soll sie auch rufen? Ach was, immer ruft jemand nach mir, auch wenn mich niemand braucht, nur so, zur Unterbrechung, um sich zu versichern, daß ich da bin und nichts Ungeschicktes mache . . . sie trauen mir alle nicht recht, sie fürchten, daß ich irgendwie absinke. – Absinken, eingewikkelt in diese hellgrauen Schwaden, in das feuchte formlose Meer aus Dunst und Luft, das wogend unter mir ist, ist es wirklich da? Dichte unbewegliche Wogen, gibt es das? Unbewegliche Wogen? Wogen sind doch unaufhörlich bewegt!

Da stehe ich, über das feine feste Gitter gelehnt, eingegrenzt und gehalten, in einen winzigen Umkreis eingesperrt, und unter mir das Weite, das Unabsehbare – ich weiß, daß es da ist, gedehnt und fern.

Ich kenne den See aus vielen Anblicken, Augenblicken, in einer blendenden Sonnenbläue, spielend und verspielt, traulich – beinahe hätte ich das dumme Wort »neckisch« gedacht – damals, als er luzide und kristallen über seiner ganz unwahrscheinlichen Tiefe, der unsichtbaren, hintändelte, als wäre sie nicht unter ihm.

Er ist mein Bruder, mein Freund, mein Feind und: die große tödliche Gefahr. Jetzt dunstet er zu mir herauf, da ich ihn nicht sehen kann, Nebel haben ihn überwallt und maskiert; die kamen aus den Bergtälern, aus den wilden

Schroffen, aus den harten Kanten und Schründen – ach nein, sie kommen aus ihm selber, unbestimmt und saugend und *mir* zugedacht, zu mir heraufgeweht ...

Es wird kühler hier oben auf dem Balkon, es ist schon weit im Jahr, man sollte hineingehen und alle Fenster zumachen und sich in die schwarze Sofaecke drücken und zugeben, daß der schwächliche alte Körper nicht mehr viel Widerstand hat, wenn das Gehuste wieder anfängt.

Annette von Droste-Hülshoff ist, im Herbst 1846, fast fünfzig Jahre alt, wie sie da auf dem Balkon der urtümlichen Meersburg steht und auf den Bodensee hinunterschaut. Auf kaum bewegtes, verschattetes Wasser hat sie schon in der Kinderzeit neugierig und leise schaudernd geblickt, auf eingezwängtes und nur leise dümpelndes Wasser zwar, dunkelbräunlich, verschlammt und algengefleckt, das nur eben Raum hatte um das inselartige Anwesen mit dem unterspülten Gemäuer der Wasserburg Hülshoff, wo sie aufgewachsen ist ... Gerede ging um von den feindlichen Söldnern, deren einer in den Burggraben fiel und den die Gefährten, leise nachschleichend, totschlugen, damit er ihre Nähe nicht verriete; der sei ohne Laut versunken.

Wasserfrösche unken im Randgras, und schwarze Fische, selten nur, schlängeln durch den Schlamm.

Es ist anders hier als in der westfälischen Heimat, anders sind die Leute hier am weinläubigen Ufer, eher zu tänzerischer Lust geneigt als ihre norddeutschen Landsleute. Die sind schwerknochig und schwerblütig und schwerbeweglich und in der Tiefe ernst und nachdenklich.

Große Menschen sind es, zuverlässige, und was sie träumen, ist nicht romantisch-zierlich wie hier, wo sogar der

Kalvarienberg und die Leidensstationen tändelnd und naiv mit fröhlichen Putten bevölkert und verkleidet werden.

Dort ist die Phantasie eher urtümlich und ahnungsvoll und manchmal spökenkiekerisch, das weiß sie. Niemand weiß es vielleicht so klar wie sie selber, die es überschaut und einsieht und leidend und liebevoll in sich spürt und aus sich herausgeben möchte.

Annette geht endlich in ihr Zimmer; die Magd hat ein kleines Kaminfeuer angemacht, denn das »Frölen« – hier heißt es freilich die »Baroneß« – friert leicht, es riecht nach dem knackenden Reisig und den eben anglostenden Scheiten, das schwarze Sofa zieht sie an, ein langgestrecktes Möbel, in dem sie eine Ecke mit Kissen ausgefüllt und zur Zuflucht hergerichtet hat.

Sie sitzt eine Weile im Dunkeln, beobachtet die springenden Fünkchen im Kamin und sieht noch immer den bedeckten, eingehüllten See als ein graues, gestaltloses Tuch vor sich, als wäre er mit in das holzduftende, angewärmte Zimmer gekommen.

Es ist, als wollte irgendein neidischer Wassergeist ihr alle Wärme und alle Sonnenerinnerung verderben, die sie so nötig braucht. Denn sogar die tröstlich beschworene Sommergestalt, aus der Himmelssicht betrachtet, hilft ihr nicht. Wenn sie jetzt den See im Taglicht sucht, ein Abbild aus der Vogelschau zwischen Bergzacken und grünem Baumgewirr, sieht sie ihn als einen gewundenen Fisch, mit Augen und zackigen Schuppen, als wären die glitzernden Schneegipfel seine eckigen Flossen, die zueilenden Bäche seine Bartfäden; und sie sieht ihn wellenschlagend und glitzernd vor sich und in sich, und all das kleine wimmelnde Leben, das ihn tagsüber umwölkt und umwuselt wie vermoostes Zierwerk, dem Klöster und Schlösser und alte Stadttürme als Funkelschmuck eingesetzt sind.

Irgendetwas in mir ist ihm verwandt, denkt sie wieder, dem feuchten wechselgesichtigen Element.

Sie verschränkt die kleinen mageren Hände, »Fisch« denkt sie, »mir aus ersten Tagen eingeprägt, Symbole bleiben haften und werden einem erst deutlich, wenn man reif dazu ist...« Fisch – das ist ihr Wappen, das Drostewappen, oder eigentlich das Hülshoffsche, denn Droste ist ein Titel, ein Amtsname, und deren hat's viele gegeben.

Der Fisch – er hat vielleicht mit der Weltschlange zu tun, das meint Laßberg, der sachkundige und vorweltbesessene Schwager, und der Wappenfisch hat Flügel... ein Delphin! Ein gekrönter Delphin! Sein Name ist mit dem Dauphin verwandt, auf antiken Vasen gibt es ihn als Windtier, und Flügel, ja Flügel hat er, wahrhaftig. Aus dem Untergründigen, dem Verborgenen, dem Chthonischen steigt er hoch auf, angesogen vom unirdischen Lüfte-Element – ist er nicht beinahe ein Schmetterling?

Gib's zu, Mädchen, du bist eigentlich ein Wasserwesen, Melusine und Undine, Meernymphe und Fischweib, und ohne das Dumpfige, Dunkle, aus dem die versunkene Stadt und die wesenlosen Strömungen kommen, Vineta – ohne sie hätte ich nie die ahnungsvolle Schau gewonnen.

Aber das Fischlein hat Flügel, und eine Krone hat es auch: Flügel, die tragen im seherischen Rausch, in der großen Schau, im schwingenden Reim vogelhaft über das bannende dunkle Element hinaus und hinauf – – – ich bin wahrhaftig beides, Fisch und Vogel! Manchmal bin ich's zu

14

sehr, seh' mir selber zu, als wär ich ein gespaltenes Geschöpf...

Sie lacht im Dunkeln. Manche sagen, ich wär nicht Fisch, nicht Vogel, nicht einmal ein ganzes Weib...

Jetzt ruft es, Jennys Stimme, und zugleich klopft die Magd, die das Essen bringt, kalte Milch, kaltes Wasser dareingemischt, kaltes Fleisch und ein Stück schwarzes Brot. Sie will es nicht anders, glaubt, sie vertrage die warmen Speisen nicht, sie huste so weniger. Vielleicht ist es das Fett, meint sie, das Schmalz, was sie reichlich an den Braten tun oder an das Gemüse, das sie freilich selten kochen.

Annette ißt, zaghaft wie ein Vögelchen, ohne viel Appetit. Sie hat, kaum bewußt, auch die Vorstellung dabei, das Fasten sei etwas Tugendhaftes und der Kirche wohlgefällig; jedenfalls der Mama drüben im Salon.

Dann lacht sie selber darüber: Sie ist ja nicht mehr das kleine, halb mißratene Mädchen, das die Mama so enttäuscht hat. Sie ist eine dichtende Frau, eine anerkannte sogar, aber eben doch *nur* eine Frau, und als solche aus Art und Brauch herausgerückt.

Ob es andere auch so mühselig gehabt haben – Jane Baillie etwa, der »weibliche Shakespeare«, die englische Zeitgenossin?

Ach, es gibt vielerlei dichtende Zeitgenossen, und die Frauen sind durchaus nicht die schlechtesten Verseschmiede. Hab ich nicht eben an die liebe große Busch gedacht, auch sie eine Dichterin? Katharina, die mir ihren kleinen Sohn ans Herz gelegt hat, ihn, ihn? O Lieber, Levin, ganz geliebter, zugehörig wie seit Urbeginn, Du Schöner!

Sohn und Freund und Bruder und Geliebter – so wär's gewesen, geworden, wenn nicht wieder das düstere Element, schlammicht und schwellend, dazwischen geflossen wäre, wie eine dunkle Schlange.

Ach, ich habe kein Recht mehr, von Liebe zu dem Kind, zu meinem »Pferdchen« zu reden und an es zu denken – es ist vorbei, bitter vorbei, zerrissen und verfärbt und verzerrt und abgetan – es *muß* »abgetan« sein, denn ich selber bin's ja auch: unnütz seit je, unberechtigt, nicht vollbürtig und kaum zu Recht geboren – abgetan!

Levin, mein Schulte, mein kleines blondes wildes Pferdchen ist mir entwachsen, verbildet und mißgebildet und entstellt...

Sie hat sich jetzt so in ihre verzweifelten Gedanken hineingefiebert, daß sie zu husten beginnt, krumm und keuchend hängt sie über der Porzellanschüssel und spuckt dünne Fäden blutigen Auswurfs.

Das darf niemand sehen, die Schwester nicht, die gute besorgte Jenny, und die Mama vollends nicht.

Ach, und die es hätte sehen dürfen und ihr liebevoll mit ihren breiten Runzelhänden beigestanden wäre, Kathinka, die Pettendorfsche, ist tot.

Annette konnte sich nie von ihr trennen, nicht innerlich und nicht leiblich, denn auch von Hülshoff nach Rüschhaus ist sie mitgezogen; nur jetzt an den Bodensee, in die düstere Meersburg, hat sie nicht mitmögen, sie starb vorher, eh das hätte sein sollen. – Eine Webersfrau und gewiß nichts »Vornehmes«, nicht belesen und geziert, aber wie ein warmer Boden oder eine umhüllende Sonnenwolke, dunkel und schwer und doch zuverlässig und bergend.

Annette von Droste-Hülshoff denkt an ihre beiden nächsten
Menschen: An die Quelle am Anfang, an die alte Webersfrau, die ihr das Leben gerettet hat, den Eingang und Atem,
ohne den sie nicht wäre – – – und an den jungen blühenden
hübschen Levin Schücking, den Sohn der Dichterin Katharina Busch, und den kümmerlichen jammervollen
Abschied von ihm ... Dazwischen liegt ihr Leben und ihre
Arbeit.

> An des Balkones Gitter lehnte ich
> Und wartete, du mildes Licht, auf dich.
> Hoch über mir, gleich trübem Eiskristalle,
> Zerschmolzen schwamm des Firmamentes
> Halle;
> Der See verschimmerte mit leisem Dehnen,
> Zerfloßne Perlen oder Wolkentränen?
> Es rieselte, es dämmerte um mich
> Ich wartete, du mildes Licht, auf dich.
>
> Hoch stand ich, neben mir der Linden Kamm,
> Tief unter mir Gezweige, Ast und Stamm;
> Im Laube summte der Phalänen Reigen,
> Die Feuerfliege sah ich glimmend steigen,
> Und Blüten taumelten wie halb entschlafen;
> Mir war, als triebe hier ein Herz zum Hafen,
> Ein Herz, das übervoll von Glück und Leid
> Und Bildern seliger Vergangenheit.
>
> Das Dunkel stieg, die Schatten drangen ein –
> Wo weilst du, weilst du denn, mein milder
> Schein? –
> Sie drangen ein, wie sündige Gedanken,

Des Firmamentes Woge schien zu schwanken,
Verzittert war der Feuerfliege Funken,
Längst die Phaläne an den Grund gesunken,
Nur Bergeshäupter standen hart und nah,
Ein finstrer Richterkreis, im Düster da.

Und Zweige zischelten an meinem Fuß
Wie Warnungsflüstern oder Todesgruß;
Ein Summen stieg im weiten Wassertale
Wie Volksgemurmel vor dem Tribunale;
Mir war, als müsse etwas Rechnung geben,
Als stehe zagend ein verlornes Leben,
Als stehe ein verkümmert Herz allein,
Einsam mit seiner Schuld und seiner Pein.

Da auf die Wellen sank ein Silberflor,
Und langsam steigst du, frommes Licht, empor;
Der Alpen finstre Stirnen strichst du leise,
Und aus den Richtern wurden sanfte Greise,
Der Wellen Zucken ward ein lächelnd Winken,
An jedem Zweige sah ich Tropfen blinken,
Und jeder Tropfen schien ein Kämmerlein,
Drin flimmerte der Heimatlampe Schein.

O, Mond, du bist mir wie ein später Freund,
Der seine Jugend dem Verarmten eint,
Um seine sterbenden Erinnerungen
Des Lebens zarten Widerschein geschlungen,
Bist keine Sonne, die entzückt und blendet,
In Feuerströmen lebt, im Blute endet –
Bist, was dem kranken Sänger sein Gedicht,
Ein fremdes, aber o! ein mildes Licht.

Was für eine Sprache! Welche Bilder! Die Landschaft, der
See, die Berge, Nebel und Mond im Trüben, alles in eine
Form gegossen, eine völlig adäquate Form, in Klang, in
Gespür, in Farbe! Das Ganze, die ganze Schöpfung, alle in
ihr schlafenden Formen, Schatten, Schwingungen, Gedan-
ken auf einmal Wort geworden, als verblute alles Her-
kömmliche an dieser gegossenen Form und in sie hinein! –
Nichts Einzelnes mehr, sondern ein ganzes Leben, vor die
Gerechtigkeit, vor die Barmherzigkeit des Alls gestellt!

# 2.
# Kindheit
# und Jugend

*Therese von Droste-Hülshoff, geb. von Haxthausen, 1772–1853.*
*Mutter der Dichterin*

Man hat ihr erzählt, daß sie ein jämmerliches Würmchen gewesen sei, als die Mama sie zu früh geboren habe, als Achtmonatskind, noch in Westfalen. Man hatte bei ihr sogar weniger Hoffnung, als wenn sie vier Wochen früher geboren wäre; man war aufgeregt und verzweifelt wie über ein ganz mißglücktes Beginnen, am meisten die Mama: Da lag ein winziges, zierliches rotes Geschöpf, das kaum behaarte Köpfchen mit gekniffenen Augen über dicken Säcken, einem greinenden Mündchen und Fingernägeln nur wie Haut, und das Rückgrat entlang feine blonde Härchen.

Da ist nichts von einem strahlenden strampelnden Baby, wie es sich die Mutter gewünscht hat, dieses sabbernde Würmchen, dem man nur Flanelltücher umzulegen wagt statt der vorbereiteten Hemdchen und Jäckchen, und das mit altklug verkniffenen Lippen alle Nahrung verweigert.

Die Mama ist enttäuscht und in ihrer Schwäche beinahe schon verbittert. Ungeduldig ist sie auch, denn die immer wiederholten Versuche, das verschlossene Mündchen dem warmen Milchstrom zu öffnen, brauchen viel Zeit und nutzen nichts.

Und endlich meint man, das Geschöpf sei nicht zum Leben geboren, nicht zum Bleiben.

Es gibt eine rasche Taufe, während der der Kaplan mehr Zutrauen zu dem scheuen Seelchen hat als die eigene Mutter, Zutrauen, daß es in dem schmächtigen rötlichen

Körperchen sich durchsetzen und zum zähen Bestehen durchdringen werde.

Die Mama findet dann, daß eine Amme her müsse, eine prallbrüstige Webersfrau, die Kathinka Pettendorf, die ihren eigenen Jungen neben dem kläglichen »Frölen« aus dem Schloß wohl nähren könnte.

Aber zuerst, meint diese, vertrage das »Vögelchen« ihre fette Milch nicht – also läßt sie es an Kamillensäckchen lutschen und streut einen Hauch Zucker dazu. Sie ist selber glücklich, als die strichschmalen blauen Lippen sich regen, wölben, spitzen, und ein winziges Zünglein anfängt zu probieren.

Die Mama, die Schloßherrin, Therese von Droste-Hülshoff, ist erleichtert, das mühsame Locken und Probieren loszusein; sie hat nur widerwillig ihre vielerlei Anordnungen und Übersichten im Schloß und im Gut und Garten zurückgestellt. Es dauerte alles viel länger als bei Jennys Geburt, die »zur Zeit« und »wie es sich gehörte« ankam und aufwuchs. Als Therese dann aufstehen und herumgehen konnte und endlich auch auf den Gartenwegen auf- und abwanderte und Knechte und Mägde kontrollierte, war das winzige, halbtot geborene Kind schon so weit erholt, daß es als ein Menschlein gelten konnte.

Und da die Mama, fromme Katholikin, des Glaubens war, solch ein Seelchen sei im Himmel und von Gott ausgewählt für dieses und gerade dieses Haus und Elternpaar, hielt sie es endlich auch für wichtig und dringlich, daß man es sorgsam aufziehe und mit ein wenig Wärme umhege, zumal die Pettendorfsche mit einem zärtlichen Seufzer sagte, das allerkleinste und kaum lebensfähige Kind spüre, wie man es aufnehme und umsorge, und werde erst

24

gedeihlich und »wohlhäbig«, wenn es fühle, daß es geliebt sei.

Annette hockt jetzt in ihrer Sofaecke im »Gehäus« in Meersburg und zieht die Decken um sich herum, wie Schalen und Windungen eines Schneckenhauses.

Sie sieht sich selber als Vierjährige mit dem wenig jüngeren Bruder um den Wassergraben herumtappen, Hand in Hand zuerst, bis sie sich losmacht, neugierig an den Rand des schwarzen Kanals herangeht, sich darüberbückt, und sie – die Alternde – ist's jetzt selber, wie sie da in das blasige Sumpfloch schaut und das weißlich verquollene Gesicht der Wasserfrau auftauchen sieht, mit bleichen Fingerspitzen herauflangend. Und zugleich ist sie gewiß, daß die nicht da sein kann – die Schwankende, Zauberische, Verborgene – nicht damals und nicht jetzt.

Damals, vor so vielen Jahren, ist sie, den Bruder mitziehend, in den flachen Sumpf hineingewatet, langsam, Schritt für Schritt, und hat gewartet, ob das Gesicht noch einmal auftauche. Der Junge hat dann den weichen schwammigen Boden unter den bloßen Füßen gleiten gespürt und sie zum Umkehren überredet. Gern ging sie nicht mit, aber aus Angst vor der Strafe der Mutter trat sie in die schnell quellenden Fußstapfen des Kleinen; und doch blieb der Sog und Zug wie eine unwiderstehliche Strömung in ihr und um sie her, immer als Lockung und Drohung und Gefahr und, ja, als unwiderstehliches Verlangen.

Kathinka hat es gut verstehen können, was Annette schon als Mädchen aus dem Heidemoor steigen sah, Unerlöste und Irrlichternde und düstere mörderische Gespenster, und auch die schwebend-schwankenden Wasserjungfern, die immer auf- und eintauchen und Irrlichter zünden, wenn sie die Menschen locken wollen.

Kathinka, Katharina – war die eigentliche »Mutter«. Drüben im Salon saß die Mama, Spitzen häkelnd oder mit dem Rechenstift über dem Kassenbuch. Aber Kathinka, die liebe alte Frau war's, deren breite warme Brust das Vögelchen angenommen und gewärmt und genährt und allezeit, auch als ihr eigenes Söhnchen fünfjährig gestorben war, als »ihr« Kind behalten und gepflegt hatte, sogar mit einem kühnen rechthaberischen Widerspruch gegen die Mama gehütet, manchmal auch aus dem naiven halbheidnischen Glauben mit märchen- und bildersatten Visionen gefüttert hatte.

Die Mama war der Gegenpol: die strenge Ordnung, die Selbstdisziplin. Dazu erzog sie Annette, das war das nötige Rückgrat für das überquellende, von Ängsten und Ahnungen phantastisch-gefährdete Wesen der Tochter.

Vierjährig erzählt Annette ihren Traum der Schwester Jenny: Sie sei – und sie habe sich stolz als Siebenjährige gefühlt – eine lange schnurgerade Allee entlanggewandert, immer geradezu, und immer flankiert von kleinen Gräben und großen Bäumen, alles exakt und zielgenau; und hätte doch immer darauf gewartet, daß irgendwo etwas Neues, Unerwartetes auftauche und sie fordere zur Unternehmung, zur Tat, zu Angst oder Bewunderung – aber da sei nichts Ungewöhnliches gewesen, nichts Aufregendes oder Besonderes.

Das war damals, als sie mit dem Bruder Werner ausriß…

Ausreißen – heute muß sie darüber lachen: sich freimachen, ganz anders sein und doch immer wieder um- und einkehren in den warmen strenggeregelten, unentrinnbaren Kreis, der sie hervorgebracht und gehalten hatte, bisher und weiterhin – es brauchte nicht einmal der geraunten und geflüsterten Geschichten von Ahnentaten und Ritterkämpfen.

Sie gehörte dazu, sie war aus der alten Sippe, die schon seit dem Jahr 1000 im Münsterland saß; sie delektierte sich gern an den schön klingenden alten Namen, sagte sie sich vor und liebte, ohne ihn zu kennen, den Engelbert von Deckenbrock, der um's Jahr 1200 Drost beim Münsterschen Domkapitel gewesen war... und daß »Drost« mit dem russischen Starost zusammenhänge, war ihre spielerische Wortphantasie; sie wußte wohl, daß das Wort mit »Truchseß« zu tun haben müsse.

Wasserschloß, Dunst und Kühle und feuchte Mauern... da wächst leicht aus dem harmlosen Husten ein wucherndes Übel – und daß Jenny gesund blieb, war beinahe ein Wunder – die praktische, fröhliche, nüchterne Jenny, die dennoch so hübsch aquarellierte, so »artig« zeichnete, wie der alte Goethe das nannte. Sie schlug nach der Mutter Art, und sie, Annette, Anna Elisabeth, wäre nur dem Vater nachgeartet?

In ihm war vielerlei zusammengeflossen, vielleicht war das Blut ein wenig zu alt, zu müde, und kein ritterlich-kampffrohes Lebensgefühl konnte sich mehr darin halten: Clemens August II. war eine der weichen, beinah skurrilen Figuren, wie sie die Romantik oft hervorbrachte. Leute, die – ob sie arm oder reich waren – ihren manchmal verdrehten, verschnörkelten Neigungen nachgingen.

Clemens August von Droste-Hülshoff hatte einen Raum

seines Hauses mit Sand ausstreuen und darin Bäumchen anpflanzen lassen, dazu eine Volière mit allerlei zwitscherndem, flatterndem und kleckerndem Gevögel bestückt, ohne auf Schmutz und Geruch zu achten und auch nicht zum Entzücken seiner sorgsamen Frau.

Er geigte, der Vater, er zog seltene Planzen, er schrieb an einem »liber mirabilis«, in das er ungewöhnliche Begebenheiten und weitgeschwungene Gedankenketten eintrug, in einigen Sprachen und sogar gereimt, wie es ihn eben ankam, er beobachtete einfühlsam und immer bedacht die größeren Zusammenhänge. Von seinen Mineralien zu den seltenen Planzen, von Urtieren, Ammoniten und Medusenhäuptern zog er Fäden und Linien, die sie verbanden und zu Welt und Wissen führten.

Sein »liber mirabilis« blieb ein verschlossenes Geheimnis, in das er die »Vorschau« und Ahnung seiner halbentrückten Sinne und die Rätselgeschichten eintrug, die ihm seine Dörfler erzählten, und er verglich und maß solche im uralten Bilderdenken wurzelnden Vorstellungen mit den historischen Ereignissen. –

Wenn da die huschenden »Reiter auf Gäulen wie Katzen« durch die Hecke brachen, verstand man erst viel später, daß es die russischen Steppenreiter waren. Wenn Wolken wie Fledermausflügel über das Land hinklatschten, waren's die bösen Tage der verlorenen Schlachten gewesen.

Er selbst, der beinah weiblich-anmutige Freiherr Clemens August von Droste, war kein »reicher Mehrer«, wie sein Name es ihm ansagte – er erblickte schaudernd Dinge und Gestalten, die ihn forderten, drängten und überforderten.

Es ist nie ganz deutlich geworden, wie er starb – Annette weicht noch jetzt, jetzt eben, der Erinnerung aus.

Sie sieht ihn unter seinen Vögeln, wie er den einen und anderen auf dem gebogenen Zeigefinger trägt und ihm zuflüstert und zupfeift, wie er sich auf die winzigen Blumenkeime herunterbückt, die Wurzel fester in die Erde eindrückt oder den hingestreuten Boden mischt, den festgetretenen lockert.

Da blüht ein Strauch im ersten Frühling mit winzigen porzellanrosa Blüten, ein »Winterblüher«, und unter ihm duckt sich ein Igelchen, das seinen Winterschlaf schon aufgegeben hat, und läßt sich, ganz unglaublich, von der warmen, schön gepolsterten Hand des Vaters streicheln – ohne die Stacheln zu stellen.

Die Hände des Vaters sind magisch begabt, Magneten, mit denen er Tier und Pflanze zur Sympathie stimmt, wie er die seltenen Mineralien, die Drusen und Ammoniten und Steinlilien aufspürt unter dem Geröll und in den zerschrammten Wänden der Steinbrüche, und die Binsen und Riedgräser streift, zwischen denen die blitzenden Libellen schwirren wie fliegende Edelsteine. –

Die Mutter, zweite Frau des Freiherrn Clemens August nach einer ersten, kurzen Ehe, ist sehr nüchtern, selbstbewußt, eine tüchtige Wirtschafterin und Organisatorin und alles das, was Annette als Autorität empfindet, aber nichts Elementares, nichts Bergendes, kein Quellgrund.

Ausruhen, regenerieren, Wärme saugen – Annette ist, so wild sie sich im Austausch mit dem Gewachsenen, mit Fels und Moor und Sturm austobt, immer das zarte, unverschalte Wesen geblieben, das die Amme »mit Zucker und Kamillen« aufgepäppelt hat: Ganz offen für das Einströmende und immer gefährdet von dem Allzumächtigen, das sie bis in den Grund zittern machte. Was sie bewahrt hat, ist bloß dieser angeborene untrügliche Instinkt für das ihr Gemäße, unterstützt durch das klare Wesen der Mama.

An einem Tag, wo feucht der Wind,
Wo grau verhängt der Sonnenstrahl,
Saß Gottes hartgeprüftes Kind
Betrübt am kleinen Gartensaal.
Ihr war die Brust so matt und enge,
Ihr war das Haupt so dumpf und schwer,
Selbst um den Geist zog das Gedränge
Des Blutes Nebelflore her.

Und am Gestein ein Käfer lief,
Angstvoll und rasch wie auf der Flucht,
Barg bald im Moos sein Häuptlein tief,
Bald wieder in der Ritze Bucht.
Ein Hänfling flatterte vorbei,
Nach Futter spähend, das Insekt
Hat zuckend bei des Vogels Schrei
In ihren Ärmel sich versteckt.

Da ward ihr klar, wie nicht allein
Der Gottesfluch im Menschenbild,
Wie er in schwerer, dumpfer Pein
Im bangen Wurm, im scheuen Wild,
Im durst'gen Halme auf der Flur,
Der mit vergilbten Blättern lechzt,
In aller, aller Kreatur
Gen Himmel um Erlösung ächzt.

Wie mit dem Fluche, den erwarb
Der Erde Fürst im Paradies,
Er sein gesegnet Reich verdarb
Und seine Diener büßen ließ;
Wie durch die reinen Adern trieb
Er Tod und Moder, Pein und Zorn,
Und wie die Schuld allein ihm blieb
Und des Gewissens scharfer Dorn.

Der schläft mit ihm und der erwacht
Mit ihm an jedem jungen Tag,
Ritzt seine Träume in der Nacht
Und blutet über Tage nach.
O schwere Pein, nie unterjocht
Von tollster Lust, von keckstem Stolze,
Wenn leise, leis es nagt und pocht
Und bohrt in ihm wie Mad' im Holze.

Wer ist so rein, daß nicht bewußt
Ein Bild ihm in der Seele Grund.
Drob er muß schlagen an die Brust
Und fühlen sich verzagt und wund?
So frevelnd wer, daß ihm nicht bleibt
Ein Wort, das er nicht kann vernehmen,
Das ihm das Blut zur Stirne treibt
Im heißen, bangen, tiefen Schämen?

Und dennoch gibt es eine Last,
Die keiner fühlt und jeder trägt,
So dunkel wie die Sünde fast
Und auch im gleichen Schoß gehegt;
Er trägt sie wie den Druck der Luft,

Vom kranken Leibe nur empfunden,
Bewußtlos, wie den Fels die Kluft,
Wie schwarze Lad' den Todeswunden.

Das ist die Schuld des Mordes an
Der Erde Lieblichkeit und Huld,
An des Getieres dumpfem Bann
Ist es die tiefe, schwere Schuld,
Und an dem Grimm, der es beseelt,
Und an der List, die es befleckt,
Und an dem Schmerze, der es quält,
Und an dem Moder, der es deckt.

Der Sinn für das Gemäße – das ist Auswahl und Abwehr,
ohne die das schallose Seelchen zugrunde ginge.
Aber doch muß so viel Einlaß gewährt werden, wie es das
Überleben irgend erlaubt. Einlaß für Ströme und Stürme,
die ungeformt anprallen und geformt werden wollen.
Ach, Annette weiß das schon und spürt es täglich stärker –
es ist das gleiche, was die lebendige Muschel erleiden muß,
wenn sie das kantige Sandkorn in immer neuen, immer
schmerzhafteren Anläufen umkleidet, ohne es abweisen zu
können: Formung heißt Verwandlung, Ausdeutung, bis aus
dem billigen harten Splitter, gerundet und glänzend geglättet, eine Perle geworden ist, etwas so Kostbares, wie es
ohne den quälenden Anstoß nicht hätte entstehen können.
Vom Sandkorn weiß niemand mehr. Nur wenige wissen
davon, daß ein unwertes, verworfenes Gebild mit der
eigenen Substanz erst gestaltet und sinnreich werden kann.

Annette läßt die alte Perlenschnur langsam durch ihre Finger laufen, ein Erbstück, mit zartem gelblichem Glanz. Ihr Vater hat ihr gezeigt, wie sich jeder der kostbaren Tropfen in Jahr und Jahren gebildet hat. Sie meint jetzt, das Geheimnis des Schönen zu erfassen und dem Schöpfer näher zu sein in einem ahnungsvollen Schauder – das ist ihr aufgetragen: Was ihr fragend und fordernd hingehalten wird, *erfüllen*: Was sie aufruft und manchmal anfleht, *erlösen*, das »Namenlose nennen«.

Dazwischen das Leben, das eigene Schicksal, das, was von außen kommt... die Muschelschale wird tanzend herumgeschleudert, im Wasser angespült, weggeschwemmt, verworfen und gehäuft mit anderen – und immer noch wächst in ihr das Gebilde, größer und größer werdend, wie ein Kind.

Ihre Sippe ist weitverzweigt, riesig verschachtelt und verfilzt, der Großvater mütterlicherseits hat ein zweites Mal geheiratet, und von dieser zweiten Frau stammt eine große Schar von Kindern, die, wenigstens die später Geborenen, in Annettes und ihrer Brüder Alter sind, Onkel, Tanten und Spielgefährten zugleich. Sie selber ist umgeben von Geschwistern, das Kind sieht die ältere Jenny als Freundin und Vorbild, den kräftigen Bruder Werner, den Erben, als Antrieb zum wilden Klettern, Wandern, Tollen – und den zarteren Ferdinand als geliebten kleinen Freund.

Mit »Nandeken« – so nennt man den Ferdinand zärtlich – verbindet sie unbewußt noch etwas anderes, eine unterschwellige Angst – die Krankheit.

Annette ist als Kind nicht eigentlich krank, aber das frühge-
borene Mädchen ist trotz aller Lust am Steigen, Springen,
Klettern zart und anfällig – ein hauchdünnes Gefäß, beim
kleinsten Anstoß klingend wie ein Glas, mit einem sprü-
hend-leidenschaftlichen geistigen Inhalt... Die Mama weiß
das und sucht zu hemmen und zu dämmen, freilich ungeschickt und allzusehr von den Vorstellungen der Epoche
und des Standes bestimmt: Wie vielen genialen Frauen
beschneidet man Annette die freie Zeiteinteilung, die freie
Wahl der Gefährten; Kleid und Schuh und Spielzeug und
Raum sind vorgeschrieben und werden überwacht.
Der Traum von der schnurgeraden Allee kam damals aus
dem Unterbewußtsein...
Sie wehrt sich energisch, aber sie hat keine logischen
Argumente für ihren Widerstand, und der Vater, der sich
die ihm angemessenen Formen gönnen kann, mag sie für
ein Mädchen nicht gelten lassen.
Die Mama fragt ihn einmal, ob er glauben könne, daß das
Kind, da es so viele knabenhafte Züge zeige, doch ein
halber Sohn sei, wie sie ihn sich so glühend gewünscht
hätte – körperlich ein Mädchen, seelisch-geistig so etwas
wie ein Sohn –, und jedenfalls, das sagt sie sorgenvoll, das
begabteste ihrer Kinder, so scharfsichtig und -sinnig, wie es
sich eigentlich für ein Mädchen ihres Standes nicht schicke?
Freilich zeigt sie sie gern bei Gästen, deren viele nach
Hülshoff und Rüschhaus kommen, viele auch nach Bökendorf, wo die fromme Stiefgroßmutter wohnt und wohin
Therese das halberwachsene Kind begleitet.
Man bewundert und beäugt das schmalgesichtige blasse
Mädchen mit der Haarkrone, unter deren Fülle der
schmächtige Hals schier gebeugt erscheint.

Aber man bestaunt sie doch eher wie ein Fabeltierchen, porzellanbleich und goldgekrönt, und doch befremdlich und vorsichtig zu beurteilen – einer hat später die gleiche Erfahrung gemacht, viel bitterer noch, als er schrieb: »Denen dein Wesen, wie du bist / Im Innern ein steter Vorwurf ist«, Hölderlin...

Bin ich nun hier auf der alten Meersburg, am Gitter und seh' auf den nebligen süddeutschen See? Oder bin ich das Kind im Wasserschloß, in Hülshoff oder Rüschhaus, das man ein bißchen schonen muß, weil ihm die Aufregungen der Zeitläufte schaden könnten? Oder bin ich beides zugleich? Das ist mein Fluch und mein Segen, sagt sich die hinschwindende, schwache Frau, die da sitzt oder ab und zu geht zwischen Zimmer und Balkon, zwischen nebelhafter Feuchte und warmem, holzduftendem Gehäus und Einschlupf: so war es immer, das Dazwischensein, wechselndes Spiel, tragisches Spiel, kein vergnügliches, zwischen scharfsichtig registrierter Düsternis, schattenhafter Ungreifbarkeit und dem gesicherten, sichernden, uralten und so wohlbekannten Bannkreis, dessen Töne und Gerüche sie fast nicht mehr erträgt...

Annette liegt endlich in ihrem schmalen Bett, sinnt und träumt ein wenig vor sich hin, beobachtet den Mondstreif an der Decke, hört irgendeinen Nachtvogel fern gedehnt rufen, sieht das Biegen und Sichverschränken der Schattenzweige am Fenster – und endlich kann sie schlafen.

In ihren Schlummer schleicht sich vieles hinein, was früher war; sie klettert wieder als Zehnjährige auf den höchsten Punkt, den sie sich in der Wasserburg vorstellen kann, bis zu den Dachsparren des Turmes hinauf, die knarrende, steile, in der Hitze nach staubigem Holz duftende Treppe und bis zum Boden, wo das kleine runde Fenster hinausweist zu den Firsten ringsum, zu den Dohlenwohnungen und Krähenanflügen – und da irgendwo, unter einem Dachsparren, versteckt sie hastig etwas Goldenes: in Goldpapier gewickelt, ihr erstes Gedicht.

Sie spürt träumend und schauend einen unbändigen Stolz, keine Eitelkeit, aber Gewißheit: Sie hat gedichtet.

Und wie das mit Träumen ist – es bleibt ihr beim Erwachen ein Bild, eine Grundstimmung, eine Empfindung: begnadet, erwählt, bestanden.

Weiß Gott, bestanden? Hat sie denn getan, was ihr aufgegeben war? Mühsam richtet sie sich hoch, mit steifen, schmerzenden Gliedern, feuchter Schweiß dunstet den Rücken hinauf, die Augen sind noch eingeschleiert, trüb der Blick; es dämmert durch die Gardinen, sie hört Vogelschreie von drunten über dem Wasser.

Langsam steht sie auf, wäscht sich in der kleinen Porzellanschüssel – der Krug ist nur halbvoll, das Wasser kalt – so will sie vollends wach werden.

Sie zieht sich umständlich an – die vielerlei Unter- und Drüberhüllen sind lächerlich, die Tournure, die Schals – und zum Haareflechten kommt das Mädchen, das ihr ein Tuch umlegt und vorsichtig die angegrauten Strähnen kämmt und bürstet; sie reden kaum miteinander, der Morgen ist bleischwer.

Ich trage so viel Schicksal mit mir herum – was für ein großtönendes Wort – Geschick, Geschicktes ...

»... solange noch das ew'ge Licht / Auf mich mit Liebesaugen blickt ...« Das hat sie leise vor sich hingesagt, und das Mädchen hält einen Augenblick ein, es meint, sie bete.

Es war auch ein Trost, was sie sich da vorsprach, gegen den immer unterschwellig pochenden Vorwurf, sie habe nicht genug getan: der Mama nicht genügt, dem großen Anspruch ihrer Begabung, dem Leben.

Jetzt schaut sie hinaus in das aufsteigende Helle, über dem leise flutenden Element, dem gefurchten Wasserbett, sieht am Himmelsrand das Rote wachsen, das blitzende Gelb, in Streifen aus Ocker und Cadmium, Grün dazwischen, längsgedehnt über dem diesigen Grau. Da schwingen sich die Vögel in runden Bögen, als wollten sie ein lang geübtes Ornament tanzend aufzeigen, während vor ihnen, hinter ihnen und rings um sie herum die glühenden, blitzenden, schimmernden Lichtfunken springen, mit denen das große Wasser die Sonne grüßt. »Das ew'ge Licht« – da brennt es: Sonne, strahlende Königin, Bild und Thronsitz Gottes, mit dem Annette redet, graue Dohle, die sie ist, und doch sein Kind, sein gnadenvoll betautes Geschöpf.

Sie war wahrhaftig nicht immer »gnadenvoll betaut« gewesen, man hatte sie verächtlich die »Spillerige« genannt, weil sie mager, ungeschickt, unachtsam, tapsig und ungraziös genug war, um bei den Aufenthalten im »Krummen Timpen«, dem Münsterschen Stadthaus, keinen Ball ohne »kleines Debakel« zu überstehen, ohne Anstoßen oder Auffallen; und das westfälische Wort meinte auch ihre schmächtige Gestalt und das schmale, fast hagere Gesicht.

Die Mama sah ihr sorgenvoll nach, wenn man sie mühsam mit Schleifchen und Pölsterchen herausgeputzt zum Tanz mitnahm, obwohl sie mit den großen blauen »seetiefen« Augen hübscher war als Jenny . . .

»Gnadenvoll betaut« – das wußte eigentlich nur sie selber, und oft genug war sie sich dessen nicht sicher.

Das spürte sogar die Mama und forderte an den Leseabenden, wo man sang und musizierte, ihre Mitarbeit und Vorführung und machte sie damit manchmal verzweifelt und verstört und widerspenstig; nur wenn man sie bat, mit ihren Versen herauszutreten aus der verstockten Schüchternheit, riß es sie hin: Dann wurde sie nach den ersten Zeilen, die sie leise und stockend las, auf einmal ein anderes Geschöpf, glühend, sprudelnd, begeistert und sicher, und las im Fluß und Klang, als spräche ein anderes Wesen aus ihr. Nachher saß sie dann wie ausgeleert und erschöpft in der Sesselecke.

Im »Krummen Timpen« ist sie nicht so gern wie im Wasserschloß, obwohl es da trockener, wärmer, eigentlich behaglicher ist als draußen. Aber es ist »Stadt«, Häuser, von denen das Hülshoffsche eins der imposantesten ist, wo man Wagen vorbeikarren, -trappeln, -schleifen hört – Geräusche, keine Töne; Töne hat der Baum im Wind, die Blätter, die sprechen, die Zweige, mit denen jeder Baum anders reden will, und in denen kleine Vögel die Triller setzen zu einem leise gemurmelten Continuo, hüpfende schlüpfende Vögel, die über ihr die Blattkronen in ständiger Bewegung halten.

Und von unten, neben ihr, das glucksende Wasser, das still wartende, in dunklen Grüntönen und Braunschatten, auf dessen Fläche die Kreise aufbrechen, Rundbogen und konzentrische Bewegung, wenn ein schwarzer Fisch sein winziges Maul durch den Spiegel steckt oder eine Fliege auf dem Tümpel aufsetzt.

Die Mama betreibt freilich das andere, das Menschenwesen, das Gesellschaftsspiel und Formgetändel, andere Schönheiten, die Annette manchmal als Flitterkram sieht.

Jenny macht alles gutwillig und vergnügt mit, das umständliche Ankleiden mit geschnürter Taille, angesteckter Spitze, aufgetürmter Frisur und angenähten Seidenblumen.

Mitunter amüsiert es sie selber auch, die ernste Annette, die manchmal unmotiviert grell lacht, die immer irgendwo anders ist in Gedanken und Empfindung, andere Maßstäbe setzt, und die Leute um sich herum spüren läßt, daß sie sich eigentlich langweilt.

Dann sieht Frau von Droste zu ihr hinüber mit einem scharfen Blick aus sehr dunklen Augen, sie sagt nichts, schließt einen Augenblick die Lider, das Kind versteht...: Haltung, Würde, Benehmen, das alte Geschlecht, ein Adelsfräulein, die nötige erhoffte Heirat – alles in Rahmen und Schranke – jahrhundertelang erprobt und damit geheiligt.

Die Mama nimmt dann nach solchen Abenden, genau beobachtend, das seltsame und eigentlich anstößige Talent des »Kindes« doch ernster und nicht nur als peinliche Absurdität.

Annette spürt das wohl, die vornehme Gerechtigkeit ihrer Mutter, den noblen Sinn, der keinem Unrecht tun will, wie die Freiin auch den Anvertrauten, Inst- und Dienstleuten, Flüchtigen und Armen als Verantwortliche gegenübersteht. Noblesse oblige – Adel verpflichtet.

Annette sieht das nicht bewußt, es ist ihr eingewachsen, wie es seit Jahrhunderten die Berechtigung bedeutet, über Land und Güter und Wälder und Weiden zu gebieten – Annette achtet das, verehrt die Mutter dafür, fühlt sich zugehörig und aufgehoben, sogar gehoben im Kreis einer erwählten Gesellschaft, der sie – von Gott – eingefügt worden ist. Nur: die Noblesse der herrscherlichen Mutter ist eine Duldung, fast widerwillige Langmut, hinter der die Zuversicht steht, das alles möge nur ein Übergang sein und »sich auswachsen«.

Annettes »Dichtereien« sind für sie scharfsichtige Spiegelungen der Wirklichkeit, keine Deutungen, nur Abbilder; und die lassen sich auch mit hübschen Aquarellen leisten, wie sie Jenny fertigt, mit feingekräuseltem Baumgewebe und exakten Perspektiven von Mauern und Türmen.

Am Vorhandenen, Gegebenen durfte ein Mädchen aus ihrem Kreis zustimmend teilhaben, nicht ergreifend, eingreifend, gestaltend, schöpferisch.

Aber endlich entdeckt Frau von Hülshoff, trotz aller vorsichtigen Scheu der Tochter, in Jennys Nähkasten ein Gedicht. Es ist nur ein Vers, kurz und vielleicht das Fragment eines langen Poems, das sie der lieben Schwester anvertraut hat, und Frau von Droste fühlt sich nicht sehr wohl dabei, ihn zu lesen – aber doch verpflichtet, es zu tun – Annette – ach, dieses bedrückende seltsame Kind!

> Fesseln will man uns am eig'nen Herde,
> Uns're Sehnsucht nennt man Wahn und Traum,
> Und das Herz, dies kleine Klümpchen Erde,
> Hat doch für die ganze Schöpfung Raum!

Das tut nach Schiller: Versmaß und Rhythmus, auch der Gedanke ist schillerisch, denkt die Mama. Und seltsam männlich empfunden, das krasse realistische »kleine Klümpchen Erde«…

Sie haben bei ihren Leseabenden auch den »Don Carlos« gelesen – »Sire, geben Sie Gedankenfreiheit« – und sind nicht so sehr der »Gedanken« wegen als vielmehr des riesenhaften, im Staatsganzen verderblichen Wortes »Gedanken*freiheit*« ein wenig erschrocken. Man sollte nicht so weit gehen mit der Eigenmächtigkeit – und Annette, das Mädchen, schon gar nicht.

Aber es hat schon mancherlei Aufsehen gemacht, daß ihre Tochter, die sonst sonderlich, ja widerborstig schien, von belesenen Leuten wegen ihrer Reimerei bewundert wurde; und da man das nicht ungeprüft verwerfen und auch nicht kritiklos gutheißen konnte, fiel der Therese ein, den Professor Sprickmann beizuziehen, einen bekannten Literaten, der mit der Fürstin Gallitzin, höchster Dame des literarischen Münster, und sogar mit einigen ehemaligen Hainbündlern, halbverblühten Romantikern und Balladendichtern, verbunden war.

# 3.
# Der Weg
# zur Dichterin

*Annette.*
*Miniatur von Jenny von Droste-Hülshoff*

Sprickmann, Anton Matthias, wohnte auf dem Krummen Timpen, dem Drosteschen Stadthaus gegenüber. Der würde, wenn er auch wohl das »Fesseln« in Annettes Vers nicht guthieß und nicht ernst nahm – das war tröstlich –, doch einen Ausweg wissen aus dem Irrsal, in dem sich die Tochter offensichtlich verfangen hatte, und das – erkannte Therese – konnte nicht ohne das Ventil des Dichterischen geschehen, sonst würde Annette kaum auf seine Lenkung eingehen.

Am Anfang des Jahres 1812, Annette war fünfzehnjährig, kam man bei einer Teevisite mit Sprickmann zusammen. Es war ein alter Herr mit rötlichem Gesicht, jugendlich aufmerksamen Augen, einem kleinen, schmalen Mund und einer auffallend hohen Stirn unter zurückgekämmten weißen Haaren.

Annette hatte ihn hie und da auf der Straße gesehen, und da er ihr nicht vorgestellt war, nicht gewagt, ihn auf sich aufmerksam zu machen. Jetzt war sie sehr gespannt, ihn kennenzulernen.

Sie wurde unter Anleitung der Mama besonders sorgsam angezogen, und als sie sich im Spiegel betrachtete, lachte sie: dieser Aufbau von unten nach oben, auf breiter Basis mit vielerlei steifen Volants, Tüll und Gaze. in schmalem Dreieck nach oben getürmt bis zur hochgegürteten Taille mit den Schleifen zwischen Schinkenärmeln, und darüber, krönend, das winzige Kapotthütchen, das beim Tee nicht abgenommen wurde, zwischen den seitlich gebauschten Locken.

Aufgeputzt wie ein Paradepferd, nein, ein Zirkusgäulchen, dachte sie, fehlen nur noch die Glöckchen. –

Nun, der Professor saß behaglich zwischen dem rauschenden, aufgebauschten Damenflor und ließ gelassen Mißtrauen und Neugier um sich herum aufzüngeln, als Annette mit der Mama hereinkam.

Vorstellung, Knickse, Annette ist blaß, verlegen, besinnt sich dann, von der Mama nach vorn geschoben, und reicht dem alten Herrn die Hand, der sie aufschauend nimmt. Er sagt freundlich: »Fräulein von Droste – ich habe davon gehört, daß Sie dichten.«

Das klingt reichlich unverbindlich, und die Mama, die mißmutig und ungeduldig dabeisitzt, fällt ein:

»Wir haben einiges derart mitgebracht.«

Annette hätte sich am liebsten in den Boden verkrochen, so peinlich ließ sich alles an.

Aber sie sagte »ja« und bat dann sehr leise, zuerst und vielleicht überhaupt etwas auf dem Clavichord vortragen zu dürfen – alles falle ihr da leichter.

Man wunderte sich, die Mama war ärgerlich, aber Sprickmann nickte heftig: Da die Baroneß Gedichte schreibe, wisse sie wohl selber, daß Musik und Lyrik enge Verwandte seien, und auch die griechische Sappho habe ja die Leier geschlagen. Also bitte!

Annette schaute ratlos zur Mama hinüber, da sie weder Noten bei sich hatte noch das Instrument kannte; aber endlich setzte sie sich vor den unbekannten Kasten, der ihr beinah feindselig seine weißen Tastenzähne entgegenbleckte. Sie strich darüber, um sie sich bekannt und vielleicht doch gefügig zu machen, und schlug einen Ton an, dann einen Akkord.

Daß ein paar Damen amüsiert und gelangweilt-spöttisch hinter den Fächern lächelten, merkte sie nicht. Aber jetzt schien das tote Ding da vor ihr doch aufzuwachen, sich ihren Fingern anzuschmiegen und bereitwillig das in Tönen von sich zu geben, was Annette von ihm wollte.

Das tat wahrhaftig anders als die gewohnten gewöhnlichen Stückchen; es ließ sich leise, fast ängstlich an, zeichnete kleine dünne Arabesken wie Filigran oder Eisblumen am Fenster, und fuhr dann in lauten, wilden Bögen über die Hörer hin, rhythmisch, gewiß, in große Gruppen geordnet, tönend wie Wellen, regenbrausend, windpfeifend, und versickerte mit einem zierlichen Gegenornament, im hohen Diskant, wie ihn das Chlavichord sonst gar nicht hergegeben hatte.

Danach saß Annette, die gefalteten Hände zwischen den Knien, mit gesenktem Kopf auf ihrem Stühlchen, schwindlig vor ungeheurer Anspannung, bis Sprickmann aufstand und laut händeklatschend hinter sie trat, so daß sie entsetzt zusammenfuhr.

Jetzt fühlten sich auch die übrigen Gäste veranlaßt, mitzutun, man schlug die behandschuhten Händchen gegeneinander, die Herren taten ähnliches, murmelten beifällig, einer verneigte sich vor der Frau von Hülshoff und gratulierte ihr.

Als dann der Professor doch nach den Versen fragte, sagte Annette mit einer rauhen Stimme, gleichförmig, wie angelernt, sie werde ihm etwas schicken ...

Was sie da gespielt hatte, war ihr einfach so eingefallen – einfach? Das freilich nicht – sie hatte oft gespielt im engeren

47

Kreis, und oft genug auch aufgeschrieben, was sie komponiert hatte; Notenlinien waren ihr früh zugebracht, früh die Harmonielehre beigebracht worden – der Vater komponierte, die Schwester auch, sie sang, und in den altadeligen Häusern war es üblich und beinah zwanghafte Sitte, daß man – und vor allem die Töchter – malte, schrieb, reimte, musizierte – mehr oder weniger begabt, nie überragend.

Denn auch in die wasserverschlossenen, begrenzten und beengten Sitze sickerten Gedanken und Gefühle ein, die in der geistigen Welt schwelten, schwangen und strömten; Annette spürte das wie Luft und Wasser um sich und in sich, es forderte sie und griff nach ihr, aufgeregte und überhitzte Empfindungen, Schwärmereien, die in ihrem Alter lagen, und die sich als eine manchmal unbändige Treibhausluft auch in den Strebungen der Dichter, der Künstler, im Stil der Freundschaften bewegten – seltsames Gegeneinander von schwärmendem Vaterlandsgefühl und Fremdenhaß gegen den korsischen Eroberer, und darüber edelste religiöse Begeisterung und Versinken in einer oft nebulösen Mystik, Sehnsucht nach einer Heldenvergangenheit und zugleich nach der Unio Mystica.

Freundschaften, glühende Briefe und Reime, gefühlsschwere Musik und solch jugendlich beschwingte und übersteigerte Luft wehten auch in die streng katholisch bestimmte Welt der Annette hinein: Es war nichts Krankes oder Abartiges, aber das Schöpferische in ihr dehnte sich glücklich bewegt, und sie verehrte, liebte demütig und manchmal kritiklos kluge Frauen, musisch regsame Männer, in denen sich aus dem Zug zur verklärten Vergangenheit gelehrtes Forschen und wissenschaftliche Akribie entwickelten.

Sie lernte die Brüder Grimm kennen, hörte, von Sprickmann vermittelt, aus dem Göttinger Kreis die Namen Hölty, Bürger, Klopstock ehrfürchtig nennen, die ihr schon anklingend bekannt waren; sie fühlte etwas in sich selber antworten bei Höltys schwermütigen, todahnenden Gesängen, und daß Leisewitz, nachher auch Schubart, den »Räuberstoff« bewegten, führte sie immer näher Schiller zu, in Gedanken, in Rhythmen, in einem untergründigen Gefühl, das sie sicherer machte.

Stärker als die Lyrik, als die ihrer Jungmädchenweichheit verwandten Verse, packte sie, was Sprickmann ihr an Balladen zubrachte.

Er erklärte ihr vielerlei Theorien, die sie halb lächelnd, höflich zuhörend, annahm; aber das Eigentliche, das Dramatische, Erzählende, das mit einem treibenden Takt vorwärtsgepeitschte Geschehnis, das nicht bloß Ereignisse spiegelte, sondern magische Hintergründe durchscheinen ließ, fesselte sie und weckte alles, was an unterschwelliger Erinnerung in ihr war, an Gespür für Wesen und Erleben der Vorderen, an Ahnung und Vision und an Hang zum Unheimlichen, Bedrohenden, Tödlichen.

Bilder standen auf, die sie, scharf umrissen und ganz leibhaftig, in sich sah und außer sich zu schauen meinte.

> O wunderliches Schlummerwachen, bist
> Der zartren Nerve Fluch du oder Segen? –
> 's ist eine Nacht, vom Taue wach geküßt,
> Das Dunkel fühl' ich kühl wie feinen Regen
> An meine Wangen gleiten, das Gerüst
> Des Vorhangs scheint sich schaukelnd zu bewegen,
> Und dort das Wappen an der Decke Gips
> Schwimmt sachte mit dem Schlängeln des Polyps.

Das westfälische Erbe, das schwer zu tragende eidetische Traumsehen, wurde der »zart'ren Nerve« als Fluch bewußt – und war's nicht nur in der schlaflosen Nacht; da lebte sie mit den verschollenen, verwehten Gestalten, die in grauen Mauern umgingen, mit den Geistern, die auch der schwäbische Kerner beschworen hatte, den sie freilich nicht kannte und zu dem, als einem Bruder im Geiste, dennoch manche Wurzel in ihr hinzog... eine Welt hinter der Welt, ans Makabre streifend, ans Pathologische fast, aber mit ihrer Kraft, ihrem Humor, ihrer geschliffenen Intelligenz im Gleichgewicht gehalten: ein junges Mädchen – ganz »aus dem Rahmen gefallen«, so andersartig-fremd, daß es den Ratlosen und »Befremdeten« – im eigentlichen Wortsinn – anstößig wurde und zurückstoßend.

»Spökenkiekerisch« – allenfalls die ungehobelten Bauern konnten das sein in ihrem heidnischen Aberglauben... und es dichterisch zu verklären, war töricht und verwerflich, da es damit beinahe salonfähig gemacht wurde.

Sprickmann aber fand das bedeutend, er hatte Sinn für die großartige Form, auch wo sie noch unreif war, und trieb an, lobte, statt zu modeln. Er ließ die Sagenstoffe freilich nicht auf ihrer überlieferten Form beruhen, sondern schwellte und schweifte mit und um sie und taufte sie mit goldnem Flitter.

Anton Matthias Sprickmann dichtete selber, er war unter lauter Dichtern aufgewachsen, nach seiner Pensionierung von Berlin nach Münster zurückgekommen – er war achtzigjährig und ging mühsam an einem Stock. Er hatte Jura gelehrt, aber als Annette von der Mutter an ihn verwiesen worden war, schien ihm schon selbst Leben, Dichten und Denken wie eine freundliche rosige Wolke zu verschwimmen und er traute sich nur manchmal ein scharfes Urteil, kaum noch eine Verurteilung zu. Er starb drei Jahre nach seinem Zusammentreffen mit Annette, hinterließ ihr manche freundlichen Hinweise, Anleitungen und Anregungen und eine verehrende Erinnerung, die sie kaum noch im Eigenen zu bestärken brauchte.

Die Mama suchte weiter, war sie doch überzeugt, daß Annette irgendeine andere, literarisch zuverlässige Richtlinie brauchte, andere Hilfen und Anregungen als etwa die »regelrechte« Jenny, die sich so reibungslos in die Vorstellungen der Umgebung einfügen ließ, wo es auch darauf ankam, auf die jungen Männer Eindruck zu machen, Beziehungen anzuknüpfen...
Nein, Frau von Droste wollte keine Liebelei anbahnen, keinen irgendwie gearteten Flirt möglich machen, da sie Annettens Andersart und Besonderheit als etwas Verpflichtendes empfand.
Schließlich kam sie, da die Tochter sich völlig passiv in ihre Eigenwelt verkroch, auf den jungen Privatdozenten der Philosophie, Christoph Bernhard Schlüter, der seit seinem 30. Lebensjahr allmählich erblindete.
Als Annette ihn kennenlernte, wurde von den Ärzten noch mühselig um die Erhaltung seines Augenlichts gekämpft – aber die Netzhautablösung infolge eines physikalischen Experiments in seinem achten Jahr ließ sich nicht beheben, die Sehschwäche nahm rasch zu und Schlüter warf sich, auf der Flucht vor der Verzweiflung, in eine übersteigerte mystische Frömmigkeit wie in ein heilendes Bad, ohne

Kritik, ohne andere Linien auch nur zu erwägen; er war sanft und duldsam, gleichmütig gegen äußere Schläge und Bedrängnisse.

Ihn glaubte Frau von Droste als beruhigendes Gegengewicht ihrer unruhig umgetriebenen Tochter anhängen zu müssen – als wäre einer luziden Flamme durch engere Mauern und gedämpfte Schattentöne ihre Heftigkeit zu nehmen.

Schlüter wurde also eingeladen, allerdings nur zu einem Zweiergespräch mit der Mama, und das führte endlich dazu, daß er Annettes Verse zuvor lesen wollte – denn ohne die, sagte er, müsse er alle Einflußnahme ablehnen.

Es kam nun, wie es beinah zu erwarten gewesen war, zu einer heimlichen Sendung an Schlüter, heimlich, das bedeutete, ohne Nachfrage bei Annette, die also keine Auswahl treffen konnte, vielleicht sogar alles verweigert hätte.

Die Mama schickte also einiges an ihn, dem es vorgelesen wurde; aber er fand alles zu schwülstig, zu pathetisch, zu getragen und im Grunde laienhaft, und Frau von Droste, die ihre gutgemeinte Unternehmung der Tochter gestanden hatte, mußte die bittere Niederlage zugeben – eine heimliche Genugtuung verbarg sie taktvoll: Also doch nichts mit der Rechtfertigung dieses sonderlichen Gehabes, nichts mit dem Argument gegen den neugierigen Klatsch der Verwandten und Standesgenossen, keine Entschuldigung; in ähnlichen Fällen hätte man vielleicht von Krankheit gesprochen und das Absurde damit erklären können – und ähnlich wie eine Krankheit erschien ihr im Grund, wenn sie sich ehrlich selber fragte, das »Talent« des Kindes, wenn man schon so sagen wollte, das Wesensfremde, was ihre eigene Tochter da so beängstigend umtrieb.

Annette schrieb damals einen Vers, den die Mutter – glücklicherweise – nie zu sehen bekam:

> So hab ich hundertmal gefühlt
> Und tausendmal hab ich gesehn,
> Daß nichts so hart am Herzen wühlt,
> Wo seine tiefsten Adern gehn,
> Als, zürne nicht!,
> Die Lippen drück'
> Ich sühnend auf der Lippen Rand –
> Als eine liebe rasche Hand
> In guten Willens Ungeschick.

Daß in diesem »Ungeschick« die eingeborene, »eingefleischte« Abneigung des Altadels gegen geistige, musische (und dabei gefürchtete) Disziplinlosigkeit steckte, wie sie seit langverschollener Zeit dem kämpferischen Ritterwesen gegenüber dem geistigen, geistlichen Stand eigen war, wurde der Mutter nicht bewußt.

Die hockenden Buchstabenknechte in den Klöstern, denen, weil sie lesen und schreiben konnten, Bildung und Gelehrsamkeit anvertraut waren, empfand man als die gegebenen Kontrastfiguren des Herrn, des Kriegers, des beweglich Einsatzfrohen, Mutigen; sie waren untergeordnete Dienstleute, die allenfalls Tradition aufschrieben und festhielten, aber nicht aus eigener Kraft *schufen*.

Freilich waren inzwischen die Uradeligen belesene, gebildete Leute.

Doch gab es auch solche, die sich »ritterbürtig« dünkten,

ohne es eigentlich zu sein, solche, die ihre Vornehmheit durch Geist zu ersetzen glaubten, den sie besser Geistreichelei genannt hätten. –

Adelig war die Frau von Bornstedt, von der nichts anderes zu erwarten war, als daß sie sich irgendwann einmal an Annette heranmachte und sich an ihrer »Dichterei« – wie sie sagte – zu wetzen versuchte. – Eine im Grunde törichte, unbedeutende Person, die mit ihrer Beckmesserei und ohne Gefühl für Echtheit das allgemeine Urteil in den Kränzchen und Teezirkeln bestimmte und die mit ihrem Genörgel der Frau von Droste keine Ruhe ließ, ehe sie nicht noch einmal und diesmal durch die Mehrheit, ihr Urteil bestätigt sah, ihr Urteil, daß Annette ein unlogisches, willkürliches, verschwommenes Gebilde für Dichtung ausgebe, und daß sie besser schwiege.

Annette schwieg ohnehin. Sie bat die Mama, nie mehr irgendeins ihrer Gedichte öffentlich preiszugeben, sie nahm ihr bitter übel, daß sie das schon Schlüter gegenüber ohne ihre Zustimmung getan hatte, aber sie war töchterlich-gehorsam genug, um auch diese Bitten nur schüchtern und angedeutet zu äußern.

Frau von Droste verstand bei aller liebevollen Einsicht nicht allzuviel von den Versen ihrer Tochter, nichts schwang da mit, nichts blieb als untilgbare Melodie in ihren Ohren, nichts als unvergängliche Erschütterung, als Erkenntnis, als Signum für das Bedrohend-Ungenannte in ihrem Sinn, so scharf ihr Verstand, so hell ihre Logik auch waren. – Ihr fehlte die Melodie, das Sensorium, das schlafend als Empfindung in ihres Mannes skurrilen Spielereien lebte.

Annette verlangte nach Widerhall, nach Antwort und Kritik.

Aber das »Walter-Epos«, ihr erstes größeres Werk, ein Rittergedicht, das sie 1812 verfaßte, war von Schlüter abgetan worden. Sie verlangte nach der Zustimmung der verehrten Mama, aber die gab sie nur halbherzig. Ihr war nicht wohl bei den ekstatischen Aufschwüngen, den brennenden Augen der vorlesenden Tochter.

Annette selber fand schließlich einen Weg für ihr unstillbares Verlangen: In Bökendorf lebte die Stiefgroßmutter, die man in den Dörfern eine Heilige nannte, und die ihre große Kinderschar mit einer immer gelassenen Zuversicht regierte, die sie aus ihrer starken Frömmigkeit zog.

Da ihre jüngeren Kinder im Alter der Hülshoffschen waren, las sie auch Annette aus der Bibel vor, und ihre ehrfürchtige Gläubigkeit machte der empfänglichen Annette tiefen Eindruck.

Diese Großmutter von Haxthausen, Maria Anna, wies das Mädchen auf ein Thema hin, das es beschwingte: Annette sollte das »Geistliche Jahr« in Versen verklärend beschreiben, alle Kirchenfeste und das Erleben der Gläubigen schildern, ein großes Epos oder einen ausgedehnten Gedichtzyklus gestalten.

Annette verehrte die Großmutter herzlich. Ihr Anliegen nahm sie willig auf und begann, das Kirchenjahr in Versen auszudeuten. – Und diese Verse endlich erschlossen Schlüter den Weg zu Annettes Dichtertum.

> Erwacht! der Zeitenzeiger hat
> Auf die Minute sich gestellt;
> Dem rostigen Getriebe matt
> Ein neues Rad ist zugesellt;
> Die Glocke bebt, der Hammer fällt.

Wie den Soldaten auf der Wacht
Die Ronde schreckt aus dumpfer Ruh',
So durch gewitterschwüle Nacht
Ruft uns die Glockenstimme zu:
Wie nennst du dich? Wer bist denn du?

Ist es ein schwacher Posten auch,
Auf den mich deine Hand gestellt:
So ward mir doch des Wortes Hauch,
das furchtlos wandelt durch die Welt,
Ob draus es dunkelt oder hellt.

Der Weckruf, den Annette in diesen Versen gestaltet und der sie so mächtig getroffen hatte wie er den erstaunten, erschütterten Schlüter berührte, kam aus ihrem Innern, ihrem religiösen Leben, dem Schlüter mehr und mehr aufhelfen wollte; er sah in solcher Hilfe die Rettung für ihre Unruhe, für ihr Genie, das ihm immer deutlicher aufging, und zugleich einen Weg im Sinn ihrer frommen Mama.

# 4.
# Die Umwelt

*Haus Hülshoff von Westen*

Seit 1807 ist Westfalen besetzt, erobert und überfremdet, da tändelt und tanzt der alberne Jérôme, jüngster Bruder des korsischen »Riesen«, Jérôme, den sie den »Lackaffen« nennen, und wenn sie böswillig flüstern, den »Lakaien«. Er ist es dem übermächtigen großen Bruder gegenüber, und ist ein Lakai, ein Diener auch der eigenen Lust.

Lust – darin ist er eine Domestikennatur, die nicht mit der Macht umgehen kann und der Glück und Aufstieg nicht als Verpflichtung, nur als Dekoration erscheinen, um damit wie vor einem Spiegel zu prahlen.

Napoleon hat den Hübschling ausgezeichnet und erhoben und ihm – es mußte ja ein eigener Verwandter sein – das Königreich Westfalen zugeteilt, ihm eine Fürstentochter aus altem Geschlecht zur Frau erhandelt gegen die Königswürde ihres Vaters: Katharina von Württemberg, sanft und duldend und endlich nur noch bemüht, das Erzwungene mit Würde zu ertragen – wozu freilich der virile Charme des luftigen Königleins beitragen mochte.

Annette ist so ganz anders geartet, daß sie nicht einmal jetzt, rückschauend, Verachtung für den aufgeblasenen Pomp des landesfremden Hofes spürt, nur leise Betroffenheit.

Aber immer noch mit leichtem Schauer erinnert sie sich an die geheimen Bünde gegen den korsischen Eroberer und

seinen anmaßenden Bruder. Sie greifen auch auf die Wasserschlösser und Adelssitze Westfalens über, auf die Hom-
berger Stiftsdamen, das Fräulein von Dörnberg, die Char-
lotte Christiane von Gilsa, Erdmuthe von Metsch und
Marianne von Stein, die ihr Wagnis mit lebenslanger Gefan-
genschaft in der Salpetrière oder in Cayenne büßen sollen.
In Hülshoff und Bökendorf werden die Rationen knapper,
die Kleider abgenutzter, Bälle und Redouten sagt man ab –
Fürsorge und Pflichtbewußtsein legitimieren die ererbten
Vorrechte.
Flüchtlinge und Hungernde werden in Hülshoff gespeist,
ein ferner Vetter kämpft in einem Freikorps mit – und der
Vater, Offizier, muß für Jérôme in Roxel ein Amt als Stadt-
hauptmann übernehmen, was man ihm sehr verübelt.
Annette ist fast noch ein Kind, ein gescheites aufgeschlosse-
nes Mädchen, dem man den »Erzfeind« als wahren Satan
und jede andere Lebensform als die der westfälisch-katholi-
schen Adeligen als suspekt schildert.
Sie empfindet aber anders, sie spürt die Enge ihres Kreises
und fühlt fast Erleichterung über das Aufbrechen des Rings,
der Ummauerung, der Selbstbezogenheit; denn sie sieht
weiter als die Ihrigen.

Jetzt, im Nachhinein, als alte Frau, versteht sie sogar etwas
von dem obskuren Glauben des Korsen an die Magie des
Blutes, der ihn zwingt, immer wieder irgendwohin, in
irgendeinen von ihm gepolsterten Thronsessel einen
Bonaparte zu setzen, oder eine seiner lebenstollen Schwe-
stern...
Wir halten *auch so* zusammen, denkt sie jetzt, aber wir
wägen und erwägen und beschränken uns selber, weil wir

das angestammte Land als anvertrautes Gut empfinden, über das wir Rechenschaft ablegen müssen.

Man hatte Annette erzählt von der großen furchtbaren Schlacht von Jena und Auerstedt, die der Korse überlegen gewonnen hatte, von der Flucht der Königin, der früher so heiteren, vitalen, schönen Luise, die hustend und frierend, von den vielen Geburten aufs äußerste geschwächt, in Memel und Tilsit hockte, zusammengekrümmt schaudernd und ein wehrloses Spielzeug der Politiker, von denen ihr guter Mann, Friedrich Wilhelm III., der sanfteste und hilfloseste war.

Man hatte Königin Luise dem Korsen vorgeführt wie ein edles Schmuckstück, und er wußte gleich, daß man ihn auf die billigste Art ködern wollte, weich machen, kritiklos ... aber das war weithin naiv, man hatte ihn auch da unterschätzt!

Er habe herablassend und galant gelächelt, hieß es, die beiden Ebenen trennend, die politische und die persönliche, wiewohl er doch selber die beiden Felder sehr bewußt vermengte ...

Dann, 1812, kam es zu der ungeheuerlichsten Unternehmung des niemals ruhenden Korsen.

Der große Napoleon hatte wieder gerüstet, im Vertrauen auf seine zwingende Strahlkraft. Zäh und voll »genialer Ränke« – so behauptete man – erschien er mit seinen neuen Plänen und brach, wunderhaft getragen von seinem Dämon, in das gedehnte, unbegrenzte Steppenland auf, Moskau zu, und sein männlich soldatischer Eros trug ihm seine Franzosen zu wie auf Windflügeln und Adlerschwingen.

Aber sein Genius hatte Napoleon verlassen, man sagte –

zuerst leise, dann lauter und empört –, daß der neue Feldzug, der soviel Erstaunen und ungläubiges Entsetzen brachte, nicht recht geplant, nicht genau genug vorbereitet worden war, und daß der Kaiser eben das zu berechnen versäumt habe, was im Wesen des russischen Landes und seiner Menschen lag und nicht mit Taktik und Hybris allein zu bestehen war.

In der Heimat schlichen unklare Gerüchte um, die von Fehlschlägen flüsterten, von den Gefahren der Kälte, die näher rücke und die Sümpfe unpassierbar, die Luft tödlich mache.

Als man in Westfalen endlich mehr erfuhr, lange bängliche Monate später, hingedehnt in Warten, Hoffen, zwischen unkontrollierbaren Gerüchten, da war man erschüttert von dem Bild des brennenden Moskau, das dem erschöpften Heer einen glühenden Empfang bereitet hatte.

Anders als Alexanders Siegeszug bis gegen Indien, den der Grieche sterbend scheitern sah, endete dieser blindlings weitergetriebene Marsch in einer furchtbaren ironischen Belehrung: »Kalt ist es bei uns, eisig, ihr sehnt euch nach Wärme – hier habt ihr sie: Glut, Flammen, stürzende Paläste, rauchende Trümmer – Wärme, Hitze, die sei euch als Opferfeuer zum Empfang bereitet!«

Auf Annette, die von der Anschauung lebte, wirkte dieses Bild wie ein leibhaftiger Abdruck des Grausigen. Sie versuchte ihn auf ihre eigene Weise umzuwandeln, zu verwandeln, einzubauen und zu überwinden; denn sie fühlte wohl, daß, was da geschehen war, Hinweis, Symbol – ein auch für sie bedeutendes Geschehen – war.

Man erzählte von einem württembergischen Offizier, der

zum König Friedrich, dem Schwiegervater Jérômes, geschickt worden war, um von Moskau zu berichten.

Als der »dicke König« seiner ansichtig wurde, schrie er empört, man habe ihm ein Jammerbild und Halbgespenst geschickt, das ihn kränke.

Aber der Oberst sagte, nicht laut wahrscheinlich, denn er war für sein Leben geschädigt, er sei der Kräftigste von denen, die zurückgekommen seien, und das sei nur ein winziger Teil der Ausgehobenen.

Da soll der König fast geweint haben, der bekanntlich ein harter Mann war.

Annette sah endlich, weil sie es drängend verlangte, in Bökendorf einen Heimgekommenen, einen der Gutsleute, der sich durchgeschlagen hatte und irgendwo noch von einem Karren aufgeklaubt worden war, mit erfrorenen Zehen, Fußstumpen in Lappen, verkrümmten Händen und blaurotem Gesicht, halbblind. Den sprach sie an.

Die zwei unterhielten sich lange, wenn man das »unterhalten« heißen kann; der Mann in einem Stuhl, den sie ihm untergeschoben hatten, und immer wieder trotz Schmerzen und Heiserkeit seinen Dank bekundend, daß man ihn verpflege; Annette mit einem starren Lächeln, dem Armen zuliebe, steif ihm gegenüber in einem Sessel. Aber danach, als sie gehört hatte, was ihm noch erinnerlich war, wurde sie krank, ein paar Tage lag sie mit Fieber, sie hat wohl auch heimlich geweint.

Der Soldat starb nach ein paar Monaten, mag sein, daß die Nieren versagten; die Bökendorfer bezahlten den Arzt und die Beerdigung.

Die heimwärts schleichende Armee, in der alle, auch die

Offiziere, als Jammergestalten, Hungernde, Zitternde, wie Gespenster durch den knietiefen Schneemorast torkelten, war – das hatte man gehört – freilich kein beruhigender Anblick für den Mann im vorbeisausenden Pferdeschlitten, der im grauen Mantel unter dem hochgerundeten schwarzen Hut wie ein Hohn auftauchte, eine Weile, ehe der Moniteur schrieb: »La santé de sa Majesté – n'était jamais mieux!«

Es wurde viel über die Ursache des unabsehbaren Unheils von Moskau diskutiert, über die Blindheit des sonst so instinktsicheren, kriegserfahrenen Kaisers, seine Ahnungslosigkeit gegenüber der russischen Mentalität und der »asiatischen Verschlagenheit«, wie er jetzt sagte –.

Ein Brand dieser Riesenstadt mit den steinernen Palästen, ein überall gleichzeitig aufflackerndes Feuer, die Preisgabe des heiligen Moskau, die Disziplin der Bewohner, die geflohen waren, ohne sich gegen einen so barbarischen Befehl zu wehren, das alles schien den Bökendorfern unverständlich, wollte man nicht, wie es die fromme Stiefgroßmutter tat, Gottes Eingreifen zur Vernichtung des »korsischen Ungeheuers« annehmen.

Wenig später brachte einer der Verwandten, der mit dem türkischen Botschafter in Moskau eine lose Verbindung gehabt hatte, eine seltsame und im Grunde überzeugende Erklärung dieser sonderbaren »Zufälle« mit nach Bökendorf, von der auch Annette hörte: Es habe da einen deutschen Chemiker Leppich gegeben, der lange Zeit unter dem Namen Schmidt in Württemberg experimentiert, vom dortigen König Friedrich ausgewiesen worden und endlich nach Rußland emigriert sei, und der habe dem russischen Heerführer allerlei Höllenmaschinen und Explosionsstoffe vorgeführt – schließlich sei er – oder ein Mittelsmann – nach Moskau geschickt worden, habe, von dort angewiesen, an die tausend Strafgefangene freigelassen und damit beauftragt, seine Brandsätze in Moskau zu verteilen und im gegebenen Fall, also nach Napoleons Einmarsch, anzuzünden.

Was man danach mit den entlassenen Sträflingen gemacht, ob man sie erschossen, erhängt oder in die schweifenden Reiterhorden gesteckt habe, die dem rückflutenden Franzosenheer mit ihren Heckenreiterstreichen lästig fielen, das wußte keiner genau.

Freilich hätten die Russen solche Gerüchte als Lügen abgewiesen und den unerklärlichen Brand den verwilderten Franzosen zugeschrieben.

Aber die makabre Geschichte tauchte immer wieder auf und wurde auch in Württemberg bestätigt, da es einen Warnbrief des König Friedrich an Napoleon gab, in dem er seinem Verwandten, dem Schwager seiner Tochter, vor den Machenschaften des Leppich-Schmidt im Dienst der russischen Krone Vorsicht anriet.

Napoleon schlug die Warnung »in den Wind«, in den östlichen Steppenwind, dem sein Heer danach unter den Schneewehen der asiatischen Weite erlag.

Annette spürte ihn bei solchen Erzählungen, den menschenzehrenden Eiswind, als hätte sie ihn selber inmitten jenes taumelnden Elendszuges erlebt. Sie spürte ihn, als wäre sie noch das kaum behäutete embryonale Wesen aus den ersten Anfängen, gleichsam als einen verheerenden Schmerz und ein kaum zu bewältigendes Gefühl der Vernichtung.

So erlebte sie stets den Anhauch aus der Natur, die sie umgab, die Leiden von Pflanze und Tier und jetzt das Wimmern der verratenen Menschen.

Sie fühlte sich aber aufgerufen, nicht bloß in sich zu leiden und wieder auszustoßen wie einen fremden Brocken, was sie störte und verstörte.

Sie tat wie das arme geplagte Muscheltier, das dem verletzenden Einbruch des Fremdkörpers nicht das rigorose, kämpferische Verdammen und Verleugnen entgegensetzt, sondern ein beinah liebevolles Einhüllen, mit dem Opfer der eigenen Substanz.

Sie gab alles nur irgend Mögliche von sich selbst her, um den bitteren Vorwurf der unschuldig Gequälten in sich und um sich zu verarbeiten, einzufügen und zu verwandeln – und sie glaubte fest daran, daß ihre Stimme im Gedicht – eine andere Waffe stand ihr nicht zu – endlich auch verwandelnd und aufhellend weiter hinaus reichen werde.

> Gleicht der Perle auch, der zarten,
> Am Gesunden tauig klar,
> Aber saugend, was da Krankes
> In geheimsten Adern war;
> Sahst du niemals ihre Schimmer
> Grünlich wie ein modernd Tuch?
> Eine Perle bleibt es immer,
> Aber die ein Siecher trug.

» . . . die ein Siecher trug«, ein Kranker, dem die Perle das Fieber abnahm, aussaugte, heilte . . . ein Geschlagener, der Hilfe brauchte. Sie glaubte immer wieder, nach Aufschwüngen der Kreativität, »siech« zu sein, unkräftig, leidend, und nicht bei jedem Zusammenbruch stand ihr der hilfreiche Genius zur Verfügung, der ihr eingab, wie das Bedrängende zu formen und zu überwinden sei.

Ihre im Kern feste und unverwüstliche Anlage hatte dann
jedoch noch ein anderes Heilmittel, das ihr aus den Niederungen – und den Erniedrigungen durch die Umgebung –
heraufhalf und sie wie ein Genesungstrunk labte:

Was ihr nämlich ganz vordergründig (und manchmal
befremdend für die Verwandten) in manchen Krisen beistand, war ihr Humor, mit dem sie die Enge und Starre der
Familie und die eigene Sensibilität bestand.

Es kam auch vor, daß sie Verletzungen, auch die der
törichten oder böswilligen Kritik, abbog, indem sie das
Ungute schreibend ummodelte und ihren eigenen Vers
wie eine gelungene Groteske, wie ein vergnügliches Narrenspiel lächelnd durchlas. – Solche Spötteleien galten
freilich nur den Zeitdichtern oder auch ihr selber, nie den
Leidenden.


Jenny und die Mama mochten es freilich nicht gern, wenn
sich Annette anders als mit sanften Naturbildern, religiösen
Anklängen, und allenfalls historischen Genreszenen vor
der Öffentlichkeit vorstellte; Frauen hatten taktvoll andeutende Töne zu finden und sich nicht kämpferisch, vollends
nicht mit einem schlagend sarkastischen Humor an ihren
Gegnern zu reiben. Das war zu männlich.

Freilich sollte es auch nicht in die tragisch-schwermütige
Gegenstimme umschlagen, in das unüberschaubare Spiel
mit dem Mysteriösen und Magischen, das der Mama
irgendwo in der Tiefe von Annettes Charakter zu liegen
schien.

Von der Neigung ihrer Tochter zu den seltsamen Bräuchen der Dorfleute, dem abergläubisch-heidnischen Besprechen und Weissagen der Schäfer und Spökenkieker, dem Annette mit tiefem Ernst nachging und das sie mit ehrfürchtigem Staunen, sogar mit heimlichem Einverständnis betrachtete, war sie befremdet.

Da gab es sonderbare Geschichten, die Aufsehen erregten, die Raupenzauberei des Magnetiseurs, der Felder und Gärten eines Edelsitzes durch Besprechen und Umschreiten mit einem weißen Stab von Raupen befreit und das »grüne Heergewimmel«, da ihn ein paar Maurer auslachten, den Spöttern auf den Hals geschickt hatte, so daß sie, grausig verwuselt und bekrochen, schreiend geflohen seien.

Es gab die noch rätselhaftere Sache mit dem kranken Pferd, das sich bei einem Sturz die Zunge abgebissen hatte und keinen Doktor in seine Nähe ließ; bis man dem Hexer ein Tuch mit seinem Pferdeblut schickte und der es aus der Ferne »besprach«.

Das Pferd, ein kostbares Tier, wurde gesund. –

Spökenkieker und Teufelsbanner, Magnetiseure und Wahrsager – ein seltsames Volk – und Annette mitten drin, gelegentlich in Briefen und Gedichten sie beschreibend.

Sie schilderte das alles mit Sympathie, oft erschreckt, Gedanken, Reflexionen, Bilder, es ging ihr alles durcheinander…

Sie empfand Verwandtes in solchem Mitschwingen, Einfühlen und Vorfühlen, wie es ihr denn als schöpferischem Wesen eigen war, als Künstlerin, die die ersten Anfänge, die Urgründe, die Keime aller Dinge in ihren besten Stunden in sich erlebte.

Ein seltsamer Besucher, der durch einen der studierenden Onkel mitgebracht worden war, ein Seefahrer, der südliche Korallenmeere kannte und nördliche Gewässer, hatte ihr von den Delphinen berichtet, da sie das merkwürdige Wappentier seit je gefesselt hatte. Er hatte ihr, was die Mama für skurriles Seemannsgarn hielt, auf einem Gang im Garten erzählt:

Er sprach von der Andacht, mit der die primitiven – »vielleicht wissen sie mehr als wir« – Grönländer das Spiel der Delphine im klaren Wasser beobachteten, ihre instinktsicheren, eigentlich intelligenten Reaktionen auf Artgenossen, die in Not waren, wie sie eine feindliche Annäherung spürten oder eine gutwillige und freundliche, wie sie sogar eine Art von Geburtshilfe untereinander leisteten, und er behauptete, sie spürten das Umgebende mit dem ganzen Körper, mit Haut und allen Organen, obwohl man in ihnen kein großes Gehirn gefunden habe ...

Das schien freilich auch Annette phantastisch und mit viel Aberglauben durchsetzt, aber das mystische Tier, das in den Anfängen ihres Geschlechts auf Schild oder Helm als Abzeichen oder Abschreckung getragen wurde, wo sonst Adlerköpfe oder Löwen und Bären drohten, um die Feinde zu ängstigen, gab ihr ein Rätsel auf, und ihre eigene Sensitivität, ihr quälendes Miterleben und Einfühlen schien ihr gerade mit diesem Geschöpf verwandt – »dünnhäutig«, sagte die Mama gelangweilt, als Annette sie einmal fragte, wie das kleine Mädchen denn ausgesehen habe, das da, zu früh geboren, kaum das helle Taglicht ertragen habe – sie selber, Annette ...

In solchen Augenblicken litt sie wirklich, ohne es zu zeigen. Nur, wenn sie das Kränkende, das sie zu nah anrührte und

»in Frage stellte«, langsam umformen konnte, oft kaum bewußt in die Sprache faßte, war das Unheimliche und Unübersehbare entzaubert und anverwandelt.

Da war sie selber ganz da und deutlich. Es strömte dann in *ihrem* Gefälle, in *ihrem* Rhythmus, in *ihrer* Heftigkeit und Intensität ins vorgeformte Bett, grub da und dort eigene Mulden und Rinnen und schwemmte die Kiesel mit und die braune Erde, oder glitt langsamer hin und fast unmerklich, daß es spielend die Blütenzweige spiegelte, die über das kaum bewegte hinziehende Wasser hingen....

> O sehet, wie von warmen Zähren
> Der Erde hartes Herz zerquillt,
> Wie sie, die Blumen sein zu nähren
> Mit Tau die grauen Wimpern füllt,
> Auch in die längst erstorb'nen Äste
> Gießt sich ein Leben wunderbar,
> Und alle harren seiner Gäste,
> Der Blätter lebensvoller Schar.
> Was soll – *ich* denn der Hoffnung wehren,
> Daß meiner Zähren Flehn gestillt,
> Da ja sogar von warmen Zähren
> Der *Erde* hartes Herz zerquillt?

Sie selber *ist* die Erde, die aufschwillt »in der Hoffnung auf Gottes Zuwendung!«

Die Demut, die »Zerknirschung«, erlebt Annette in der tiefen Versenkung in die christliche Lehre, die ihr die verehrte Großmutter nahebringt; sie hat Schuldgefühle, die aus der Umgebung, aus der Erziehung, aus dem eige-

nen, ganz früh erlebten Angstgefühl des »Nichtanerkannt-
werdens« aufstehen und in den christlichen Untergangs-
und Auferstehungsbildern ihr zartes Leben unerbittlich
bedrohen:

> So will ich harren denn, und tiefbedrängt
> Will ich es tragen,
> Daß immer wie zum Sturz die Mauer hängt.

Oder:

> Und kann ich denn kein Leben bluten,
> So blut' ich Funken aus dem Stein …

# 5.
## Zweigeteilte Liebe

*Heinrich Straube, 1794–1847. Göttinger Student.*
*Jugendfreund der Brüder Grimm in Kassel*

Sie ist jetzt wieder die alternde Frau am Balkongitter der Meersburg, sie weiß, wie schuldig sie sich gefühlt hat, und weiß zugleich, jetzt, nah am Ende, daß sie unschuldig ist, so schuldlos, wie ein Mensch eben sein kann, der zwischen Himmel und Erde hängt und pendelt wie ein baumelnder Leichnam – grausig; und danach klarer: angenommen und aufgenommen und eingebettet.

Was ist Schuld? Verfehlung an anderen, die als Qual ausgestanden werden muß? Ach, guter Straube, der wie ein Brandmal in mir lebt! Was war das, damals in Bökendorf, als er, dunkel, unbändig und ungehörig, wie eine Fackel lodernd, um mich geworben hat, mich versengt und versehrt hat mit seiner starken Strahlung, und doch zart war, zärtlich, und mich als ganz andere aufweckte, anders als ich war und sein wollte und sein durfte!

Er kam als Freund der jungen Onkel und Vettern ins Haus, ein gescheiter, kritischer, ungepflegter Kerl, ach, wie das Sprühen über dem Sturz der Kaskade, der schäumenden, die einen besinnungslos mitnimmt!

Jetzt noch, im Vergehen, ist das Sichverlieren Scham und Schande und doch ein Stück Notwendigkeit und Geschenk des Heils...

Das winzige Krämervolk sollte nicht klatschen, es hat sie genug geplagt und weiß nicht genug – es gab nichts, was am

Ende nicht auch vor der »Mama« bestanden hätte: die »Mama«, ohne deren Augen sie nichts gutheißen durfte und nichts gutheißen konnte...

Abhängigkeit? Ach, Mama – wärst du doch die »Mutter« gewesen! Aber das war die Alte, die Primitive, Kathinka die Liebevolle, die warme Höhle, in die ein Tier kriecht.

Und nur da, wo der starke helle Verstand zu Hause ist, war die »Mama«, im Salon... – und nirgends war beides zugleich!

Ein kühles Rieseln war damals allgegenwärtig im Hause, faßte sie bei den Schultern, saugte an ihrem Rücken, preßte ihr die Brust ganz innen; kühl, kühl, noch nichts Eisiges, aber erstaunlich erstarrend und erhärtend – wollte der Vater das? Er nicht, nein, der ahnende, liebevolle Vater...

Da drohte sie einzusinken in ein fremdes, ein lebensfeindliches Element; sie mußte dem ausweichen, nein, es ganz wegdrängen, es fortstoßen und ausschließen, das Feuchte, das Kühle, Auskühlende, in dem sie fast steinern wurde.

Aber plötzlich kam etwas Funkelndes, etwas Glühendes, Aufflammen, Flimmern und Brennen, und dem hat sie entgehen wollen, vor dem hat sie eine feige Angst gehabt und doch ein zehrendes Verlangen danach gespürt.

Sie weiß es wohl und zwingt sich ganz nah dahin: Da ist es, vor dem sie die Augen verschlossen und ihr Gefühl verleugnet hat, das »Schmelzende«, dem sie einmal anheimgefallen ist, das Mächtige, das sie mit einer wilden Flackerflamme ihrem eigenen Selbst entrissen hat. Ein häßlicher stacheliger Name, der sie jetzt wieder wie ein verlockender Schauer anspringt: Straube, Heinrich Straube, der einzige, der rücksichtslos und rückhaltlos eine Frau in ihr spürte, aufspürte und beanspruchte. – Heinrich Straube wurde von den Bökendorfern nicht ernst genommen, allenfalls als Hansnarr und ewiger Spaßmacher, den man um der lustigen Unterhaltung willen gern duldete.

Man redete von ihm mit süffisantem Lächeln, aus den Mundwinkeln heraus, und mit ein wenig hochgezogener Nasenspitze. Und genau das wollte er, damit keiner ahne, wie scharf und vernichtend er selber treffen konnte, und wie er heimlich traf, als Getroffener!

Auch er – und das empfand Annette zuerst kaum bewußt, dann immer deutlicher – hatte ein tiefgreifendes Gefühl des Ungenügens, des Versagens, und in diesem Kreis der gefestigten, stolzen, in sich sicheren Leute, der ihn gutwillig und nicht unfair aufgenommen hatte, drängte ihn ein unzähmbares Gelüst, sich mit Ironie, mit Harlekinaden, mit Selbstverspottung davor zu retten, daß ihn die anderen, dieser in sich geschlossene Zirkel, entwürdigten: Er nahm vorweg, was man ihm hätte antun können.

Er wußte und konnte viel, war ein ewiger Student in allen möglichen Fakultäten, brillierte mit einer umgreifenden Bildung und seinem sarkastischen Witz, mit unverhofften Pointen, mit renitentem Widerspruch gegen das Festgeschriebene – ein Mensch an der Wegscheide und im Übergang zu einer erst aufgehenden neuen Epoche stärkeren Selbstgefühls, kritischer Betrachtung und freien Aufbegehrens.

Da war die Badegesellschaft im nahen Driburg gewesen, die Annette aufnahm und umschwärmte, und von dort hatte man sich auch körperliche Kräftigung für sie erwartet.

Aber instinktiv verschließt sich Annette dem Trubel. Und in Bökendorf, wohin sie zurückkommt, ist es gerade Straube, der aus dem farblosen Kreis herausragt; er »gehört nicht dazu«. Auch aus viel ernsteren Gründen als denen, die in seiner Abstammung und seinem protestantischen Bekenntnis liegen.

Er steht mitten in den geistigen Auseinandersetzungen der heraufkommenden Zeit – weiß von neuen naturwissenschaftlichen Forschungen, von religiösen Strömungen, die in einer Art »wilder Brandung« um die Kämpfe der katholischen Kirche gegen den preußischen Staat wirbeln, und in die Clemens August von Droste-Vischering, der spätere Münsteraner Bischof, verwickelt ist – als er gefangengenommen wird, ist die Einstellung seiner katholischen Sippe entschieden antipreußisch und antiprotestantisch, eine Haltung, die schon durch die politischen Ansprüche Preußens gegenüber den Feudalherren vorbereitet war.

Ein Verbot des Studiums katholischer Theologen in Bonn engt den Gesichtskreis ein, Straube ficht mit einleuchtenden Argumenten gegen die Bestimmungen der hohen Geistlichkeit – Annette nimmt mit leidenschaftlichem Eifer Anteil, hier, bei Straube, kann sie mit ihrem scharfen Verstand debattierend Stellung beziehen und vielfach aus dem gebotenen, gewohnten Geleise ausbrechen, selbständig argumentieren.

Sich so anerkannt zu sehen, sich selber zu hören und zu finden, immer gefordert zu werden, ist eine neue Erfahrung. Und der sie ihr schenkt, ist so etwas wie ein Duellant, mit dem sie sich schlägt und dessen elegante Fechtkunst sie bewundert, dem sie sich ergeben und den sie dann wieder besiegen kann; und sie versteht diesen Zweikampf zuerst nur als reizvolles fesselndes Spiel.

Dann erst, als Straube es ernst meint, als er sie ansieht und als eine Frau erkennt, und sie selber die suggestive Kraft seiner Nähe empfindet, die unwiderstehliche Gewalt seiner eindringlichen Augen unter den dichten Brauen, da er jetzt selbst nicht mehr nur den blitzenden Geist eines Partners spürt, sondern auch Gefühl geweckt glaubt und Antwort erwartet – da erst merkt sie, daß es so, schlafwandlerisch sich verschließend, nicht mehr geht.

Sie muß erschrecken, denn ein Mädchen wie sie muß allmählich geweckt werden und langsam, vorsichtig, aus ihren Dämmerungen geholt …

Aber Straube kann das nicht mehr, dieses scheue Anpochen; und Annette erlebt wie einen tödlich vernichtenden und alles überstürzenden Fall das Gefühl der Leidenschaft. Freilich erklärt sie das vor sich selbst mit allen Gründen des Verstandes, sagt sich vor, wie gescheit, wie belesen, wie neuartig-modern und aufgeklärt und mitten in der politischen Luft er sei, und sie mit ihm – aber das Gefälle ist wilder, rasanter, unaufhaltsam und unrettbar.

Die Umgebung ist nicht blind und taub und vollends nicht stumm, und die Mama hat anderes im Sinn und betreibt, in der treuesten Absicht, ihren Plan.

Straubes Freund und Mitstudent, August von Arnswaldt, sah den glänzenden Fechtübungen der beiden entzückt zu, ohne an eine Konkurrenz des dunklen Freundes zu denken; denn daß er als Adliger, als Freund des Hauses und Bevorzugter der »Mama«, mit wenigen Schritten an Annettes Seite wäre, schien ihm allzu sicher.

Arnswaldt war ein schöner, wohlerzogener, vornehmer junger Mann »aus bestem Hause«, reich auch und gescheit, in den Bahnen der angemessenen Konvention.

Er verehrte Annette, wie man damals sagte – sie duldete seine ritterlichen Aufmerksamkeiten, es tat ihr wohl, sie zu empfangen, sie sah ihn gern und hätte ihn, hätte er sich zurückgezogen, entbehrt; und da die Mama und alle Verwandten sichtlich auf eine Werbung Arnswaldts »rechneten«, da eine Atmosphäre der freundlich-lächenden Verständigung alles so wohl bereitete, hielt sie ihn in dieser wohligen Duldung hin, ohne ihn eigentlich anzulocken, ohne ihn irgendwie an Straube zu messen – die Welt, die sie mit Straube teilte, mit dem geistigen Gefährten, wie sie sich immer noch vorsagte, war eine ganz andere und existierte nur von der Tagwelt getrennt und ihren Bewohnern verborgen.

So hab ich gelebt und nicht deutlich gelebt, dachte sie jetzt, in einem plötzlich glasklaren Rückschauen, das eigentlich ein Sezieren ihres Selbst war, und das unerträgliche Schuldgefühl drückte sie zu Boden, gegen sie alle, gegen die Geborgenheit in der Sicherheit der Mama, gegen ihr eigenes Wesen und ihr Lebensgefühl und auch gegen den »armen Schelm«, gegen Straube, den sie über ihre Empfindung Herr werden ließ, ohne ihn Herr sein zu lassen, ohne ihn als Person und Mensch ganz anerkennen zu wollen...
Sie ist noch immer die Schuldnerin, ihnen allen gegenüber, und am bittersten ist die Schuld gegen Gott!
Man hat ihr gesagt, sie sei ein Halbwesen, und aus ihrer frühen Unreife im Körperlichen sei auch eine entsetzliche Unreife ihres ganzen Wesens hergekommen, Unsicherheit aller Instinkte, Zerspaltenheit, und was nicht ganz sei, sei verworfen...
Hatte jemand so Entsetzliches wirklich ausgesprochen? Sie hatte es sich selbst vorgesagt und täglich dagegen ange-

kämpft, und niemand hatte ihr aus diesem Irrsal herausgeholfen als – ja, als Straube, der sie nie als unzulänglich und gespalten empfunden hatte.

Einer der studentischen Gäste, ein Freund des jungen Onkels Werner von Haxthausen, Fritz Beneke aus Hamburg, schrieb von ihr, sie habe sich die Feindseligkeiten der jungen Männer zugezogen durch ihr männliches Wesen. Das erfuhr sie dann durch den jungen Stiefonkel Werner – sie spürte die Sticheleien immer noch – jetzt nicht mehr ganz so bitter, da sie sich dem »unheimlichen, vertrauten, verwandten, gefürchteten Element« wie eh und je angebunden und angefesselt fühlte, dort wie hier, dem Wasser. Wenn ich mich selber je verstehen will, muß ich eintauchen, immer tiefer eintauchen – da find' ich's.


Arnswaldt – sie sieht ihn jetzt als etwas Weitabgerücktes, Fremdes, sie meint in ihn verliebt gewesen zu sein, da er ganz dem Bild nachkam, das man ihr als »das des ihr gemäßen Gatten« vorgemalt hatte, und sein sympathisches, wohlerzogenes Gehabe war angenehm, ohne jede Forderung und eigentlich ohne Verpflichtung: Ein Tändeln im sommerlichen See, Nachengeschaukel und Sonnenblitze und Spiegelungen, Bewunderung auch wie Gegenbilder der luziden Wolken, Lichtreflexe – ein glückliches Zwischenspiel mit gelegentlichen kleinen aufschnellenden Wellenhügeln – und nichts, was dem Sturm aus der Tiefe irgend vergleichbar war oder nahe kam.

Straube, der unglückselig-verstrickte tolle Straube, war zu stolz, um sich durch Annette für lange Zeit in Bökendorf oder Hülshoff einladen zu lassen, wie das auf den Gütern mit vielen Gästen gern geübt wurde. Da war Arnswaldt

näher, beruhigend und auch die Gegenwart Straubes recht-
fertigend, denn niemand, außer ihr selber, Annette, sollte
von der Beziehung zu Straube Sicheres wissen.

Jetzt erst, die mageren Hände im Schoß, die sich krümmen-
den Finger um den Rosenkranz geknäult, weit hinunter den
Blick und doch die bleiern-verschleierten Augen geschlossen – so im Halbwachen wacht das eigentliche, der Kern,
noch einmal in ihr auf:

Da stand sie in Hülshoff am Fenster, wie jetzt in der
Meersburg, Morgenlicht und ziehendes Gewässer unter
sich, und Arnswaldt neben ihr, naiv und unverhofft sie
anfassend und umfassend, und fragend – und dann, so
gefordert, konnte sie den Straube nicht verleugnen: »Ich
habe dem Heinrich zuviel gegeben, ich habe einmal, an ihn
gelehnt und von ihm aufgefordert, alles Liebevolle und
Liebestolle gesagt, was ich sagen und spüren konnte und
mehr als ich durfte.«
Arnswaldt hatte zuerst aufgelacht und sie dann von sich
weggeschoben. Und gefragt: »Liebst du ihn? Oder liebst du
mich?«
Sie schüttelte sich und wußte nur noch, daß sie sich
entziehen mußte, jedem, allem, wie ein ganz weiches
armes Gebild, dem jeder harte Eingriff tödlich wehtut –
sich retten und schrecklich verwundet fliehen.
Arnswaldt hatte dann, das erfuhr sie erst viel später, dem
Straube in seiner Gekränktheit berichtet, auch er, Heinrich,
habe nicht gesiegt, es sei alles ein übles kokettes Spiel
gewesen, mit ihnen beiden dasselbe, und es gebe nur
Abkehr...

Die beiden jungen Leute waren dann »Arm in Arm«
abgereist, wie man sich's höhnisch und triumphierend
zuflüsterte, und Annette, weil sie anders war und eigen-
ständiger und ehrlicher vor sich und den Leuten, blieb
zurück als eine »Verfemte«, die allen Regeln entgegen
sich verwirrt und töricht benommen und – sichtlich wie
in einem Narrenspiel – beide Freunde getäuscht und
betrogen und genasführt hatte.
Und: Schuld, Schuld gegen den leidenden, tief getroffe-
nen Straube, Schuld auch gegen den intrigierenden Arnswaldt, Schuld gegen die Lieben, die Nächsten, die Mama,
die Großmutter und alle Freunde in Bökendorf – Schuld
in den eigenen Augen, die doch gar keine ist!


Jetzt, während sie hier oben sitzt, bohrt es sich noch
einmal ein, was sie meinte, schon lang geglättet und
gelöst zu haben, was sie vergeben glaubte: Unentschie-
denheit, Zwiespältigkeit, Zwiegesichtigkeit. – Sie geht nah
vors Fenster, dahin, wo der dünne Vorhang ein bißchen
auseinanderklafft, denn anfassen und herumzerren mag
sie ihn nicht – sie fürchtet jede noch so winzige Gewalt
und jeden Zwang gegen ein Ding und ein Wesen wie
eine neue Schuld, ein Unrecht, eine rohe Selbstbehaup-
tung...

> Wie sind meine Finger so grün,
> Blumen hab' ich zerrissen;
> Sie wollten für mich blühn
> Und haben sterben müssen.
> Wie neigten sie um mein Angesicht

Wie fromme schüchterne Lider,
Ich war in Gedanken, ich achtet's nicht
Und bog sie zu mir nieder,
Zerriß die lieben Glieder
In sorglosem Mut.
Da floß ihr grünes Blut
Um meine Finger nieder;
Sie weinten nicht, sie klagten nicht,
Sie starben sonder Laut,
Nur dunkel ward ihr Angesicht,
Wie wenn der Himmel graut.
Sie konnten mir's nicht ersparen,
Sonst hätten sie's wohl getan;
Wohin bin ich gefahren
In trüben Sinnes Wahn?

O töricht Kinderspiel,
O schuldlos Blutvergießen!
Und gleicht's dem Leben viel,
Laßt mich die Augen schließen,
Denn was geschehn ist, ist geschehn,
Und wer kann für die Zukunft stehn?

Sie weiß nicht mehr, wie oft Straube in Bökendorf war oder
wie lange Arnswaldt, oder wann das war – wohl ums Jahr
20? Sie will es auch nicht mehr wissen, ihre Geschichte ist
die ihres Inneren: Wehtun, Leiden, langsames Heilen vielleicht?
Wer bin ich, wer ist dieses ungeformte Geschöpf da in
mir und vor mir? Sie hat auf der Konsole neben sich
den Handspiegel mit dem rankenden Rahmen erfaßt und

hält ihn ins Licht: Versunken und tiefer atmend schaut sie dahin, wo sie selber sein sollte, wo sie sich ansieht und irgendwoher anhaucht wie ein unheimlich forderndes Phantom – was ist es? »Das Bild, wie Gott mich gemeint hat?«

Schaust du mich an aus dem Kristall
Mit deiner Augen Nebelball,
Kometen gleich, die im Verbleichen;
Mit Zügen, worin wunderlich
Zwei Seelen wie Spione sich
Umschleichen, ja, dann flüstre ich:
Phantom, du bist nicht meinesgleichen!

Bist nur entschlüpft der Träume Hut,
Zu eisen mir das warme Blut,
Die dunkle Locke mir zu blassen;
Und dennoch, dämmerndes Gesicht,
Drin seltsam spielt ein Doppellicht,
Trätest du vor, ich weiß es nicht,
Würd' ich dich lieben oder hassen?

Zu deiner Stirne Herrscherthron,
Wo die Gedanken leisten Fron
Wie Knechte, würd' ich schüchtern blicken;
Doch von des Auges kaltem Glast,
Voll toten Lichts, gebrochen fast,
Gespenstig, würd', ein scheuer Gast,
Weit, weit ich meinen Schemel rücken.

Und was den Mund umspielt so lind,
So weich und hilflos wie ein Kind,

Das möcht' in treue Hut ich bergen;
Und wieder, wenn er höhnend spielt,
Wie von gespanntem Bogen zielt,
Wenn leis' es durch die Züge wühlt,
Dann möcht' ich fliehen wie vor Schergen.

Es ist gewiß, du bist nicht Ich,
Ein fremdes Dasein, dem ich mich
Wie Moses nahe, unbeschuhet,
Voll Kräfte, die mir nicht bewußt,
Voll fremden Leides, fremder Lust;
Gnade mir Gott, wenn in der Brust
Mir schlummernd deine Seele ruhet!

Und dennoch fühl' ich, wie verwandt,
Zu deinen Schauern mich gebannt,
Und Liebe muß der Furcht sich einen.
Ja, trätest aus Kristalles Rund,
Phantom, du lebend auf den Grund,
Nur leise zittern würd' ich, und
Mich dünkt – ich würde um dich weinen!

Das hatte sie einmal gesungen, noch nicht im Bewußtsein
der ganzen Tragik. War sie eine Unnatur, Niete, Halbge-
schöpf, nicht im Sinne Gottes gemeint und nicht willens,
Weibespflicht und – leiden anzunehmen – böswillig gegen
Gottes Gebot…?
– Aber war nicht ihre Aufgabe die Gemeinschaft im Geist,
Einanderverstehen wie Geschwister und ineinander Einge-
hen, so, als wäre sie nicht nur ein Weib, er nicht nur ein
Mann…
Es waren Wunschträume, Annette, die das Eigentliche

meinten, was keiner aus diesem Kreis auch nur andeutend verstand, vielmehr häßlich mißverstanden hätte.

Aber ob Gott nicht eben das von ihr erwartete, daß sie beides umgriffe, ohne ein Halbes zu sein? Die beiden Hälften in sich zu vereinen, wie Plato es meinte? Jetzt schien es ihr so, und sie meinte, eine geistige Neugeburt durchzuleben, wie sie keiner verstand.

Sie flüchtete aus Bökendorf, aus dem jugendlichen Kreis, aber es blieb nur Hülshoff, und das war die Mama: Die immer wieder enttäuschte Mama, die sich doch soviel Mühe gegeben hatte, aus diesem seltsamen schwierigen Kind etwas zu machen, es anzuerkennen und doch im Rahmen zu halten, und das jetzt – ach! Arnswaldt! – einer so naheliegenden, günstigen Heirat ausgewichen war!

# 6.
# Umbruch in Hülshoff

*Clemens August II. von Droste-Hülshoff, 1760–1826.*
*Vater der Dichterin*

Wieder sieht sich Annette, jetzt auf ihrer Fahrt von Bökendorf nach Hülshoff. Die Fahrt geht über das flache nebeldunstige Wiesenland, der Einspänner rattert und schüttelt sich, und die Pferde traben gleichmäßig über Schwellen und Furchen im Weg.

Krüppelweiden verschränken die borstigen Arme, Tümpel und Wasserläufe und ein langsam hellerer Himmel atmen um sie her, und aus den Pferderücken spürt sie den vertrauten strengen Geruch der dampfenden Leiber, obwohl der Kutscher nicht treibt.

Breit und behaglich liegen die Gehöfte, »wohlhäbig«, in sich sicher – am Weg streicht Schilfgras im Wind, blinzelnd lugen die funkelnden Wasserlöcher dazwischen heraus, sie holt tief Luft, es ist doch heimatlich! Nur ists auch eng bei aller wehenden Weite, und enger, was sie erwartet: da vor ihnen ragt und türmt sich schon das graue Schloß, gleich wird sich die Auffahrt öffnen.

Die alten Bäume sind wie eine dunkelgrüne, wogende Wolke im Spätsommerwind um sie her; die Gäule brauchen nicht mehr gelenkt zu werden, die kennen jetzt jeden Schritt; der Park ist wie eine wärmende Decke, ein Manteltuch, durch das hindurch sie mit immer wacherem Vertrauen fährt – es ist doch nicht nur feindselig und gesetzmäßig und tadelnd, was ihr zuwächst, sie riecht den gewohnten Duft der Gräser, des Burggrabens, der auf einmal kein düster-feuchtes Schlammloch für Molche und Unken mehr ist, sondern durchschienen von einem sanften freundlichen Blau, in dem weißes Perlengeriesel kaum sichtbar zittert.

Alte liebe Burg, Geborgenheit im Wasser – und wie es sich mit den Mauern verschwistert hat in den vielen Jahrhunderten, die sie umeinander spielen, sich gegenseitig behüten und verständigen – keins tut dem anderen weh, das Wasser liegt ruhig um den Stein, den man in früher Zeit klug geschützt und mit Ölschiefer umkleidet hat, daß ihn das spülende, kühlende, nagende Element nicht angreift.

Und wie umarmend, umfassend, unangreifbar die Burg steht und Tröstliches aussagt. Drinnen wird eine gütige Mama warten, ein liebevoller Vater, und Musik wird es geben, wenn kältere Tage kommen, Lektüre am Feuer, Shakespeare, Calderon, Cervantes, Walter Scott – sie schaukelt noch jetzt, die alte Frau, als wiege sie der Pferdetrab, und biegt sich vor, als müsse sie beim Aussteigen den Tritt unterm Wagenschlag mit dem schmalen Schuh ertasten.

Da steht auch wirklich Therese von Droste an der Treppe und lächelt – Annette will nicht sehen, daß es ein gezwungenes Lächeln sein könnte –, und nachher ist sie, Annette, mitten in einem wirbelnden Chaos, denn man steckt in den Hochzeitsvorbereitungen für den Bruder Werner, der eine schöne wohlvermögende und gutwillige Braut, Karoline von Wendt, nach Hülshoff geholt hat.

Der Vater kommt, sie umarmt ihn, sie denkt: Wie das Burgwasser umschlinge ich ihn; aber ist er wie die Mauer, fester als ich?

Sie weiß jetzt, in der Rückschau, alles viel besser – wie

Anspruch: Auch Annette muß mit in das dämmrige Gewebe. –

Und dann kreist alles um ihn und in ihm – er liegt und krallt die Hände in die Decke, atmet krampfhaft, spürt den pressenden Schmerz in der Brust.

Nicht rufen, wozu? Das wäre laut und nah.

Fallen, fallen, das Gefühl, daß der Hinterkopf immer weiter versinkt, das Herz hämmert nicht mehr – es löst sich alles, löst sich aus dieser vorläufigen unwichtigen Existenz. Die aufgerissenen Augen nehmen nichts mehr auf, graue Ringe, schwarze Kreise – und da hinten ganz fern, wachsend, ein glühendes rotes Licht, auf das er zugeschoben wird, ein Funkelstein, Wein, Rubin; dann ist alles erloschen.


Annette fand ihn zuerst, am anderen Morgen, im Gesicht etwas wie ein bescheidenes, scheues, ganz leise ironisches Lächeln, die Lider fast zu über den wasserblauen Augen.

Werner wird die großen Säle bewohnen, den riesigen Park, die Alleen und die Wege unter den alten Platanen, auf denen die raschelnden Blätter wirbeln – nicht nur Werner! Nicht nur der Bruder Werner... auch die kleine Wendt wird da herumtrippeln, wird die alten geliebten Mauern antasten und die schönen geliebten Kaminecken mit neuen Tapeten verändern und verfälschen, und sie, Annette, will sie doch liebhaben, die Frau des schönen Bruders.

»Laß', Annette, ich weiß, was du denkst« – die Mama nimmt sie bei der Hand – »es ist immer so gewesen und wird so bleiben: wir müssen ins Rüschhaus ziehen.«

Jenny nimmt's nüchtern, sie ordnet an und ein und macht

es sich wohnlich und der Mama behaglich; für Annette hat sie nur das Stübchen an der Treppe gerichtet, die wollte es nicht anders.

Draußen im Garten stehen dichte, verwachsene Buchen, die aussehen, als könnten sie sprechen – wie das alte Bäume an sich haben.

Das Rüschhaus ist eigentlich ein rotes Backsteinhäuschen, ein Landhaus in festgefügten, gelassenen, wohlabgewogenen Maßen, ländlicher Barock, ein bißchen niederländisch schon. Schlaun hat es gebaut, der große Baumeister, der auch für die preußischen Könige geplant und gebaut hat.

Im Garten, an den Rändern der Rabatten, stehen die rundlichen Steinfiguren der vier Elemente, auch sie in wohlabgewogen kräftigen, derben Formen, breitgliedrig und ihrer Wichtigkeit bewußt: Das »Wasser« mit Quellkrug und Salamander, das »Feuer« mit Griechenhelm und winziger, dicker Kanone, »Erde« mit Spaten und Blumenwuchs, und die »Luft«: Vögel scheinen nicht ganz genau zu dieser naiven erdschweren Kindergesellschaft zu stimmen. – Annette liebt sie alle und auch das behäbige, festgegründete Haus, es fehlt ihr nur das dunkle Wasser und fehlt ihr doch kaum, da sie es als ein unheimlich-unergründliches Wesen hier nicht zu fürchten braucht – Wassergewalt, die den Vater verzaubert und hinweggenommen hat, mit seiner magischen Kraft und Lockung und Verwandlung... oder was sonst?

Annette hat ein Gedicht geschrieben, das sie »Der Tod des Arztes« nennt, und das zu ändern die Mama verlangt: Da findet sich in der erstarrten Totenhand des Arztes ein Fläschchen, Schlummersaft mag es enthalten, es redet für sich.

Annette hat später von der Taxushecke gesagt: »Es heißt, daß Schlaf, ein schlimmer, aus deinen Nadeln raucht…« Narkosedampf, Dämmerungsnebel, »Schlaf, ein schlimmer…«

Aber Annette hat das Gedicht wirklich geändert. – Der Tod des Vaters, plötzlich erlebt und doch vorhergeahnt, trifft keinen so wie sie.

Ein Naturell wie das Thereses von Droste wird durch das Unglück zu stärkerer Aktivität aufgerufen, sie überlegt und organisiert und ordnet, denn jetzt ist es an ihr, das Wenige, was an Gut geblieben ist, gut zu verteilen und die beiden Töchter keinen Mangel spüren zu lassen.

Ferdinand ist im Forstfach in Anhaltischen Diensten, er ist ihr Sorgensohn, so sagt sie. Annette sitzt oft bei ihm, im Sommer, wenn er unter den Gartenbäumen im Schatten ausruht, denn er liegt viel, er fiebert oft und seit des Vaters Tod mehr als vorher. Ferdinand, das Nandeken, dem außer Annette die Besorgnis und betende Zuwendung der Plettendorfschen gilt! Es ist wieder ein Abend, drei Jahre nach dem Tod des Gutsherrn, drei Jahre nach dem Antritt der »neuen Herrschaft«, als es mit Nandeken zu Ende geht.

Der Arzt steht am Bett, alles ist getan worden, die duftende Essenz, die kräftigenden Getränke, Lüftung und Wickel, alles, was der Doktor sich immer wieder neu einfallen ließ, obwohl er wußte, daß das alte Erbübel, der »Landes-schaden«, die Schwindsucht, hier schon ihr auflösendes, zersetzendes Werk getan hat – Nandekens glühendes Gesicht, das wie in seiner Kindheit, ja lieblicher und knaben-hafter denn je, sich aus den gebauschten Kissen abhebt, die mageren Hände, die immer größer werdenden blauen Augen – der Arzt kennt das Bild, das er so oft in den Schlössern und Katen zu sehen verdammt ist, und manchmal mag er, wie sein Bruder im Beruf, Schillers Freund von Hoven, geseufzt haben: »Ach, daß ich habe Arzt werden müssen!«

Annette ist bei Nandeken, als er keuchend und endlich nur noch leise stöhnend aushaucht, was doch ein schönes und starkes Leben hätte sein können.

Er glich dem Vater am meisten von den Geschwistern, und die alte Kathinka sagt, nur zu Annette, der Herr habe ihn nachgezogen, nach drei Jahren schon. Ferdinand war siebenundzwanzig Jahre alt, als er starb.

»Für Jenny ist gesorgt«, sagt Frau von Droste; sie hat eine Präbende auf ein Damenstift.

Annette wird bei der Mama bleiben; sie hat es durchgesetzt, daß die »Mutter«, die Pettendorfsche, mit nach Rüschhaus kommt, obwohl Frau von Droste die Zimmer anders eingeteilt hatte und die Gesindestube für zu klein hält.

Ohne die Amme mag sich Annette das beengtere Wohnen im Rüschhaus aber nicht vorstellen.

Die beiden reden mitunter in der Dämmerung vom »Herrn«, den Kathinka im Traum manchmal sieht, und Annette verrät ihr nicht, daß auch sie ihn an ihr Bett treten fühlt, wenn sie hellwach liegt und den Geräuschen zuhört, die vor ihrer Tür umgehen.

Sie schreibt auf, während sie zwischen dem Papier und dem Bild an der Wand auf- und abschaut. Das ungenaue, laienhafte Gemälde kann sie nur umrißhaft an den Vater erinnern, obwohl ihre innere Schau ihn darin umso lebendiger entdeckt:

98

Ich will nur sehn in deine Augen,
Den einen reinen Blick nur saugen,
Der leise meinen Namen nennt,
Ihn, der wie Äther mich umflossen,
Als in der ersten Abendzeit
Wir saßen Hand in Hand geschlossen,
Und dachten Tod und Ewigkeit.
Ihn, der sich von der Sonne Schwinden
Heilig gewendet, mich zu finden,
Und lächelnd sprach: Ich bin bereit!

Annette hatte eines ihrer drei Zimmer an Kathinka abgetreten und versprochen, Kostgeld für sie und sich zu bezahlen; auch Jenny zahlte ihren Unterhalt selbst.

Bei Werner und Line würde die alte Frau, die vielleicht doch bald hilflos und ohne Nutzen für den Haushalt sein könnte, zur Last fallen und unglücklich sein.

Werner und Karoline von Droste hatten also, seit Oktober 1826, die Herrschaft über den Hülshoffschen Besitz übernommen, über fast hundert Bauernfamilien, für die sie die Verantwortung trugen, für Wälder, Wiesen und Felder, Heiden und Moore, die alle zu überschauen und – soweit es irgend anging – in Ordnung zu halten waren.

Auf dem Wiener Kongreß, dem rauschenden, betäubend-festlichen Abschluß der Friedensverhandlungen nach den »Befreiungskriegen«, hatte Werner von Haxthausen, ein Verwandter von Annettens Mutter, den Freiherrn von Laßberg kennengelernt, der ein Schloßgut in Eppishausen in der Schweiz besaß.

Laßberg war ein bereits berühmter Altertums- und Geschichtsforscher, der nach einer kurzen ersten Ehe jahrzehntelang die Forsten und Güter von Fürstenberg im Süddeutschen geführt und mit der Fürstin, die er nach jahrelanger Verbindung geheiratet, in glücklicher Beziehung bis zu ihrem Tod gelebt hatte.

Er war ein interessanter Mann, von Gelehrten geschätzt, ein Freund der Brüder Grimm, des Dichters Uhland und in engem brieflichem Austausch mit den Vor- und Frühgeschichtsforschern, vertraut mit der Dichtung der Minnesängerzeit und ihrer Sprache, die er gelegentlich auch in seinen Briefen anwandte.

Dieser Mann, groß, schlank, mit dem Air des Grandseigneurs aus altem Geschlecht und nicht ohne Stolz darauf, daß er als letzter in seiner Zeit zum Ritter geschlagen worden war, kam als Gast der Haxthausener nach Bökendorf und Hülshoff und schließlich nach Rüschhaus, eingeladen von Fritz von Haxthausen, der ihn in Eppishausen auf seiner Italienfahrt besucht hatte: der Grund, ein ganz in der Epoche wurzelnder Anlaß, war Laßbergs kostbarster Besitz, die wertvolle Nibelungenhandschrift, die C-Handschrift, und neben ihr herrlich verzierte Codici und Buchbände und Faksimili, sorgsam verwahrt und wie Kinder gehütet. – Annette erinnert sich all dieser Schätze, die Laßberg ihr später, da sie in Eppishausen war, gezeigt und mit hauchender Geheimnistuerei enthüllt hatte, während sie, Annette, die bohrend erforschten Sonderlichkeiten eher seltsam und manchmal komisch fand, so großartig ihr die heldenhafte Vergangenheit erschien.

Eppishausen liegt in den Bergen, im Thurgau, und Berge – sie kannte sie damals nur aus Büchern – waren ihr von

jeher bedrückend, übergroß, urweltlich und doch im Tiefsten verlockend gewesen.

Hier, um mich her, sind die alten echostarken getürmten
Schichtungen mir gewaltig nah, hier am Bodensee, um ihn
her ...
Mag sein, daß sie in seinem tiefsten Grund die gleichen
Schroffen bilden, nur verdeckt, verborgen, geheim: Im
Allerinnersten ist etwas Unberührbares und nie Erwecktes
und sollte es bleiben ...
Erinnerung, neues Erleben – wie bin ich begnadet und verdammt, das Verklungene, längst Überstandene neu und farbig wiederzusehen! Da ist der liebe Besuch von Onkel
Fritz, der gerade so alt ist – oder beinah doch! – wie wir beiden, Jenny und ich, und der an den Laßberg'schen Schätzen
alles Interesse und die größte Freude hat, seit er sie kennengelernt hat. Und jetzt hat ihn Laßberg eingeladen, der
Sammler und Wühler und liebenswerte Beschwörer alter
einstiger wilder hochaufklingender Zeiten! Und da nun
Fritz der Einladung folgen und ihn wirklich in der Schweiz
besuchen will – man kann ja die unbezahlbaren Hand-
schriften nicht verschicken! –, fragt er an, ob ihn nicht die
Damen begleiten wollten – insgeheim oder laut läßt er die
Mama wissen, daß es keiner der Nichten schaden könne,
wenn sie etwas von Welt und Leben anderer Himmelsstri-
che zu sehen bekämen. Jenny und Annette, die beide nicht
mehr ganz blutjung sind; und da er doch den Wagen nehme
und es bequem machen würde, müsse die Mama zu-
stimmen.
So allmählich gewinnt er sie dafür, denn ohne ihre Zustimmung würden die Töchter nichts unternehmen ...

Aber Annette will nicht aus ihrem Schneckenhaus heraus, sie ist noch nicht ganz ausgeheilt und nichts ist recht vernarbt von den Verletzungen der Straubegeschichte, von den Taktlosigkeiten der Verwandten, den bösartigen Vorwürfen der Bekannten und auch von den zornigen, verständnislosen Mienen der Mama – freilich ist die weise genug, Annette zu schonen; Annette hatte ja auch in Köln am Rhein bei den dortigen Angehörigen schon vor der Hochzeit Werners ein bißchen freiere Luft geatmet, und jetzt sollte doch eigentlich Jenny ––– kurz und gut, man entscheidet, daß Jenny mit dem jungen Onkel fahren und in Eppishausen ein paar Wochen bleiben soll. Was Jenny dann erzählt, das ist eine liebliche und idyllische Geschichte und dabei doch eine höchst dramatische und beinahe tragische: Von dem Ritt auf den Rigi, den Laßberg arrangiert hat, mit Maultieren für die Damen – ein paar Bekannte waren dabei – und Pferdchen für die Herrn, mit Treibern und Führern und Trägern, schneegefleckten, steilen Kletterpfaden und Kälte und Felsabgründen, und Laßberg, immer frisch und ritterlich und elastisch – wie alt war er eigentlich? Es hieß, er habe zwei Frauen überlebt, zuletzt die Fürstin Fürstenberg.

Ja, und während so eines Eselrittes, vielleicht als Jenny unter dem geknickten Sonnenschirmchen ein wenig ausruhte, habe der charmante Mann, mit kleinen lustigen, zwinkernden Augen, die auf einmal groß und feucht geworden seien, ja, er habe ihr seine Liebe gestanden...

Annette lächelt, ein bißchen skeptisch, ein wenig erschrocken auch, befangen, ängstlich, denn jetzt wird sie Jenny womöglich verlieren.

Jenny hat einmal Wilhelm Grimm, den Märchensammler

und Dichter, gern gesehen, aber das hat Annette nur geahnt, es wurde nicht davon geredet.

Annette, die innerlich freie, selbständige Frau, empfindet die veränderte Schwester erstaunt als das ganz andere, das vollkommen Weibliche und befremdlich Weiche; mag sein, denkt sie jetzt, daß die Amazonen so etwas empfanden, als eine der ihren sich ihrem Krieger liebevoll auftat...

Aber das Schwierigste war doch, die Mama zu gewinnen – wenigstens ihr den Gedanken nahezubringen –, daß Jenny, die ihr so ähnlich war, die gescheite, fröhliche, ihr so ganz zugetane Tochter, sie irgendwann einmal verlassen würde, daß Jenny überhaupt daran dachte, aus dem westfälischen uradligen wohlbehüteten Kreis herauszutreten und jemand nahezusein, der – das konnte niemand der Mama verbergen – sehr viel älter als sie war, Schwabe, und schon zweimal Witwer. Und dann, auch das wurde ihr von irgendeinem redseligen Dämchen zugetragen, hatte er jahrelang mit der Fürstin gelebt, deren Oberforstmeister er gewesen war – noch ehe er sie geheiratet hatte!

Frau von Droste sagte nein, und nochmals nein, und Annette weinte ein bißchen mit der niedergeschlagenen Schwester. Ach, es wäre auch nicht anders gewesen, wenn der Vater noch gelebt hätte, der heimlich Entrückte, der für Annette immer gegenwärtige; Therese hätte alles bestimmt, auch wenn der Freiherr zu vermitteln gesucht hätte.

Freilich: Jenny war 36 Jahre alt, Laßberg 61 ... und sie liebten sich, als wäre es das erstemal; jedenfalls war's so für Jenny, die bewahrte, lange gehaltene, die der warmherzige, frauenerfahrene Mann gewonnen hatte.

Annette schrieb:

Ich steh' auf hohem Balkone am Turm,
Umstrichen vom schreienden Stare,
Und laß gleich einer Mänade den Sturm
Mir wühlen im flatternden Haare.
O wilder Geselle, o toller Fant!
Ich möchte dich kräftig umschlingen,
Und Sehne an Sehne, zwei Schritte vom Rand,
Auf Tod und Leben dann ringen.

Und drunten seh ich am Strand, so frisch
Wie spielende Doggen, die Wellen
Sich tummeln rings mit Geklaff und Gezisch
Und glänzende Flocken schnellen.
O, springen möcht ich hinein alsbald,
Recht in die tobende Meute,
Und jagen durch den korallenen Wald
Das Walroß, die lustige Beute!

Und drüben seh ich ein Wimpel wehn
So keck wie ein Standarte,
Seh auf und nieder den Kiel sich drehn
Von meiner luftigen Warte;
O, sitzen möcht ich im kämpfenden Schiff,
Das Steuerruder ergreifen
Und zischend über das brandende Riff
Wie eine Seemöwe streifen.

Wär ich ein Jäger auf freier Flur,
Ein Stück nur von einem Soldaten,
Wär ich ein Mann doch mindestens nur,
So würd der Himmel mir raten;
Nun muß ich sitzen so fein und klar,

Gleich einem artigen Kinde,
Und darf nur heimlich lösen mein Haar
Und lassen es flattern im Winde!

Annette ist einsamer als vorher, die Mama durch ihre
Pflichten gebunden, Jenny fern; die Schwester reist jetzt
manchmal zu Verwandten, zu den Herrensitzen in der
Nähe, sie ist unruhig, unglücklich, ungeduldig; sie hofft,
daß die Mama ihre Starrheit langsam preisgeben möchte.
Das Trauerjahr um Ferdinand, den zarten geliebten Nandeken, geht um – das kann der Mama niemand verderben, die
Gedenkzeit ist heilig. Laßberg sieht es ein, er wirbt zart und
redet in höflichen Briefen an die Mama kaum von dem, was
ihm auf der Seele brennt; an Jenny schreibt er über Annettens Adresse, heimlich, und die treue Schwester befördert
die Liebesbriefe gewissenhaft, obwohl sie ihr manchmal
wie etwas Fremdes und Gefährliches in den Händen liegen.
Auch das Geheimtun vor der Mama belastet sie, mehr als
Jenny, die ja immer wieder die Rechtfertigung für ihr
Verhalten aus Laßbergs Briefen empfängt.
Das ist jedoch nur ein Hinziehen, ein halbes Leiden für
Annette, kein wildes Gefordertsein, kein völliges Eintauchen in die stärksten Empfindungen. Sie steht wie eine
wohlmeinende Schildwache hinter der Schwester, steht
auch, mit tastender Bereitschaft neben der Mama, um
irgendwann und irgendwo den Augenblick zu spüren, in
dem diese offener sein könnte für Jennys Sehnsucht.
Sie denkt mit aller Anstrengung ans Allgemeine, an die
Strebungen der Epoche, die ihr scharfer Verstand überall
aufspürt, die sie zugleich mit einer Art höherem Instinkt
fühlt: Liebe zum Mittelalter, einem manchmal falsch ver-

standenen, wie sie findet, wo alles in Ritter-Minne und Burgenatmosphäre romantisch dahinschwillt, Sympathie für die geheimnisvolle, blaublumige Liederfreude, die Sagen- und Märchenbegeisterung, die Neigung zur alten Sprache, dem Mittel- oder eher noch Althochdeutschen, das die jungen Leute treiben wie früher das Latein – sie muß manchmal auch lachen und lächeln, wenn sie die naiven Reden mitanhört, die da umgehen, und die drolligen Ansichten erwägt, die man von ihr verlangt.

Verklärte Natur, süße dunkle heimliche Todesfreude, holde hingeschleifte, rosig verzierte Tändeleien:

Ihr ist oft danach, einen finsteren, grausigen Traum entgegenzusetzen, grabend, ausgrabend, das Makabre hervorzuschürfen – aber auch das ist im Zug der Epoche: dämmerhafte Mystik und manchmal Lebensschwäche.

Annette sträubt sich dagegen.

# 7.
## In Eppishausen

*Jenny von Droste-Hülshoff, 1795–1859.*
*Schwester der Dichterin*

Dann, endlich, im Sommer 1834, gibt Therese von Droste nach, und Jenny und Laßberg, die beide nicht mehr viel Zeit zu verlieren haben, heiraten.

Die Hochzeit wird in Hülshoff bei Werner und Line ausgerichtet. Jenny will sie nicht allzu üppig, sie denkt mit einem schaudernden Zögern an Werners Heirat und des Vaters Tod. – Der Bruder macht ihr Mut und bringt viele Geschenke, da er wohl weiß, daß die Mama es Jenny spüren lassen wird, wie bedenklich sie diese Verbindung ansieht.

Laßberg ist freilich kein armer Mann, Jenny wird unabhängig sein, aber diese Ehe zwischen zwei so verschiedenen Altersstufen, zwischen Menschen, deren einer um eine Generation über dem anderen steht, ist Therese von Droste zuwider, noch immer.

Laßberg sieht's als Schrulle, und nur Jenny zuliebe hat er sich so lang in diese kuriose Rolle gefügt, die ihn, der überall Achtung, Bewunderung und bei den Frauen mindestens Verehrung genossen hat, zu einem unwürdig schmachtenden Ritter Toggenburg verdammt hat.

Annette hilft, stützt, rät, bleibt liebevoll der Schwester gegenüber, die ihr selber oft genug geholfen hat. Aber dann kommt der Abschied, nicht nur für eine kleine Besuchsreise – ein ganz scharfer Einschnitt, die räumliche Trennung – Schweiz! Wie wird es dort sein? Beinah schien's, als wäre das Honolulu oder Grönland, zumal die

Mama von freiheitlichen Umtrieben und Rütlischwüren hatte läuten hören... arme Jenny! Aber sie wollte es so!
Annette schreibt in dieser Zeit an Schlüter – den Blinden, in den sie sich hineinzudenken versucht, weil er klarer spürt und schärfer überlegt als die vielen, die das bunte Bild der Welt ablenkt... Mach' die Augen zu und taste dich in die Dinge! Das sagt sie jetzt, und früher hat sie's gefühlt und getan – hat sich an die Erde gepreßt und sie angesogen und eingetrunken mit allen Poren.

Jetzt, hier, als alternde Frau auf der Meersburg, kann sie's besser als damals in Rüschhaus: Die Augen zumachen und nur noch tasten, riechen, mit der ganzen Haut fühlen... mit allen Sinnen, wenn die Augen nicht mittun – wie ein Delphin! – Ach, Delphin, Sylphe, Fisch und Falter – da bist du wieder, alter Freund, altes Wappentier, uns mitgegeben, uns Wasserleuten, Inselleuten, die wir Algen kennen und schlanke Fische und Larven im Feuchten, aus denen die Libellen schlüpfen, und geheimnisvolle Kokons, die langsam, schwer, den eng gefalteten Schmetterling entlassen, den »gefalteten Falter«, dem niemand ansieht, wie er sich dann auftut, »entfaltet«, ausbreitet, um die farbigen Flügel als eine Segelfläche dem Licht hinzuhalten, daß ihm die Sonne alle Tönungen dunkler färbe und stärker zur Strahlung bringe... Ob Falter sehen können? Sie will den Blinden fragen. Sie sieht ohne Blick, angepreßt an die Erde, die alles trägt und birgt...

> Süße Ruh', süßer Taumel im Gras,
> Von des Krautes Aroma umhaucht,
> Tiefe Flut, tief, tief trunkne Flut,

110

Wenn die Wolk' am Azure verraucht,
Wenn mir aufs müde, schwimmende Haupt
Süßes Lachen gaukelt herab,
Liebe Stimme säuselt und träuft
Wie die Lindenblüt' auf ein Grab.

Wenn im Busen die Toten dann,
Jede Leiche sich streckt und regt,
Leise, leise den Odem zieht,
Die geschloß'ne Wimper bewegt,
Tote Lieb, tote Lust, tote Zeit,
All die Schätze, im Schutt verwühlt,
Sich berühren mit schüchternem Klang,
Gleich den Glöckchen, vom Winde umspielt.

Stunden flücht'ger ihr als der Kuß
Eines Strahls auf den trauernden See,
Als des ziehenden Vogels Lied,
Das mir nieder perlt aus der Höh',
Als des schillernden Käfers Blitz,
Wenn den Sonnenpfad er durcheilt,
Als der heiße Druck einer Hand,
Die zum letzten Male verweilt.

Dennoch, Himmel, immer nur
Diese Eine mir: für das Lied
Jedes freien Vogels im Blau
Eine Seele, die mit ihm zieht,
Nur für jeden kärglichen Strahl
Meinen farbig schillernden Saum,
Jeder warmen Hand meinen Druck,
Und für jedes Glück meinen Traum.

Plötzlich »drängt« die Sippschaft sie: zur Reise in die ferne Schweiz, dorthin, wo sie gar nicht hin will ... Jenny ist schwanger, die Schwester soll ihr zur Hand gehen. Annette hat die Sorge, man wolle sie auch dort, wie so oft bei den Assembléen der Verwandten und Bekannten, und zumal die Mama ja mitreist, als Hausclown einsetzen, als Kuriosum und Wundertierchen, das man wohlwollend-belustigt anschaut und anhört. »Hofspaßmacher« hat die Mama gesagt ... Und Laßberg ist solch ein gelehrter Mann, weitbekannt! Aber ihre Angst gilt noch mehr der Reiseroute als dem Ziel. Es geht über Hannover und Kassel, wo Straube und Arnswaldt sind ...

Da ist es wieder – Versäumnis, Unbeherrschtheit, Zwiespältigkeit, Halbheit!

Alles, was die Erinnerung an Straube, an seine demokratischen Reden und ihre hingerissene Zustimmung heraufruft, alles, was den noblen Arnswaldt und seine endlich doch schäbigen Redereien anlangt, alles, was sie sich vorwirft und wessen sie sich anklagt – sie weiß zu gut, daß sie sich aus diesem einsamen, einseitigen Leben hätte herausreißen müssen, daß sie wie auf einem kahlen schroffen Felsen stand und nicht »dazugehörte«, nicht in dieses Teekränzchengesäusel ohne echte Bildung und ohne irgendein künstlerisches Gespür, und doch so starr und standfest, wie eben nur die Enge, die Beschränktheit sein können.

Sie wußte, daß sie mißbraucht wurde, aber sie war abhängig, äußerlich und innerlich, und eingebunden – ach, Straube hätte sie befreit, aber dazu hatte sie den Mut nicht gefunden. – Am 4. Juni 1835 schreibt sie wieder einen langen Brief an Schlüter:

»Die Zeit verrinnt, jeden Abend wundere ich mich, daß wieder ein Tag dahin und die Stunde meiner Abreise mir um einen großen Schritt näher getreten ist, und ich zittre vor dem Augenblick, wo der Schlagbaum niederfällt zwischen mir und so manchem, was mir teuer ist, für eine Zeit, über die ich nicht hinauszurechnen wage. Wahrlich, lieber, bester Herzens-Schlüter und Herzens-Thereschen, und liebste Mutter Schlüter, wollt Ihr mich denn gar nicht mehr sehen? Es ist jetzt still und lieblich hier, der Garten so voll Blumen, Duft und Nachtigallen, ich bin so ganz allein, – eine gute Tafel kann ich Euch nicht geben, aber Ihr sollt doch satt werden. Kommt ja! ... Seitdem mein Bruder ein umlärmter und umschrieener Familienvater geworden ist (Line war zudem wieder einmal in den Wochen), hat er einen unbilligen Haß auf alle Einsiedler geworfen und hält die Einsamkeit für das größte aller Erdenübel. Ich nicht, – vielmehr habe ich mich in den sieben Jahren, die ich hier nun verklausnert, mit großer Einseitigkeit ergeben. So geht's: erst aufgeblasen, dann eingeschrumpft; doch ich muß aufhören, denn ich beginne ungerecht zu werden, und zwar gegen einen mir nur allzu werten Gegenstand, gegen mich selbst; dies ist wohl das sicherste Zeichen, daß ich heute mal wieder eine angelaufene Brille trage. Dieser Brief ist nicht viel wert, doch soll ihm ein besserer auf dem Fuße folgen... Ich bin sehr bewegt, aber nicht fröhlich; die Gedanken und Bilder strömen mir zu, aber sie sind wie scheu gewordene Pferde, die nur um so unerbittlicher dahinrasseln, je kräftiger und kühner ihre angeborene Natur ist. Ich bin sehr leidend gewesen, und jetzt, seit zwei Tagen mit einem Male ganz wohl, aber

ungemein aufgeregt und nervenschwach und großer
Phantasie, Gefühls- und Gedankenspannung nicht nur
fähig, sondern gezwungen dazu; gebe ich mich hin, so
treibt's mich um wie der Strudel ein Boot, oder wie der
Wind die Heuflocken treibt; will ich ruhen, so summen
und gaukeln die Bilder vor mir wie Mückenschwärme.
Wollte ich jetzt dichten, so würde es vielleicht das Beste,
was ich zu leisten vermag; indessen besser ist's, ich
mache die Augen zu und versuche zu schlafen. Adieu
und gute Nacht, mein herzlieber Freund! Gute Nacht,
gute Nacht!

Annette«


Und dann reiste Annette im Herbst und überstand Hannover und Kassel wieder wie Leidensstationen, und wurde
liebenswürdig und warmherzig aufgenommen im Laß-
bergschen Schloß Eppishausen.
Ihren ersten Brief dorther schrieb sie wiederum an Schlüter, den blinden Freund:

22. Okt. 1835

»Hätte ich Ihnen früher schreiben können, teuerster
meiner Freunde«, beginnt sie, »ich hätte es getan, aber
grade *Ihnen* kann ich nicht zu jeder Stunde schreiben,
und Sie dürfen sich immerhin für etwas halten, wenn ich
sage, für Sie ist mir noch keine Stunde passend gewesen.
Ich habe mich indessen mit allerlei umhergeschlagen,
viel Ausflüge in die Gegend, viel Besuche aus dem Haus
und viele ins Haus, abwechselnd den anmutigen Gast
und die erfreute dienstfertige Wirtin gemacht, aus dem

Geräusch in Abspannung, aus der Abspannung wieder in die Zerstreuung. Glauben Sie mir, es gehört was dazu, bis man jedem sein Recht widerfahren lassen und alles Pläsier ausgestanden hat, wozu man prädestiniert worden. Aber jetzt bin ich, so Gott will, ins Standquartier eingerückt, und wahrlich, das Plätzchen ist nicht übel, namentlich das, was ich in diesem Augenblick einnehme ... bis jetzt habe ich den größten Teil der gestohlenen Zeit dort verlebt. Hören Sie!

Es ist ein Gartenhäuschen an der höchsten Stelle des Waldes, wo sich die Aussicht ins Tal öffnet. Zwei Wege gibt's dorthin, einen steil und dornicht, wie den der Tugend, und ihn pfleg ich zu gehn oder vielmehr zu klettern; denn er bringt mich in drei Minuten hinauf, wenn auch keuchend und halbtot; der andre gleicht dem der Sünde, breit und gemächlich. deshalb verschmähe ich ihn auch, zumal da er die Eigenschaft besitzt, eine Viertelstunde lang zu sein. Sie mögen gewählt haben, wen Sie wollen, wir sind jetzt jedenfalls oben. Ja, mein teurer, teurer Freund! Wir sind oben; dieses ist der Platz, wo ich immer bei Ihnen bin und Sie bei mir. Ich glaube mit Wahrheit sagen zu können, ich war nie droben ohne Sie. Es ist ein einsamer Fleck Erde, sehr reizend und sehr großartig. Ich sitze nur bei rauher Luft im Rebhäuschen, sonst davor unter einer großen Trauerweide, ganz versteckt durch die Reben, mit denen der Abhang bis ins Tal besetzt ist ... Es ist seltsam, wie die Klarheit der Atmosphäre jeden Gegenstand heranrückt; ich bedarf hier nur einer guten Lorgnette, um meilenweit zu sehn, und dasselbe leisten andere mit freien Augen. In Hülshoff habe ich den Spiegel eines

nicht fünf Minuten entfernten, großen Teiches nie deutlicher gesehn (von meinem Zimmer aus), als hier am
Rebenhäuschen den eine Meile fernen See, auf dem ich
jedes Segel zähle, ja sogar in dem Städtchen Lindau am
jenseitigen Ufer einzelne Gebäude unterscheide. Die
Alpenhäupter nun gar, denen nicht viel mehr Luft als
keine geblieben, scheinen oft so nah, daß man nur
sogleich hinangehn möchte ...
Von meiner Bank unter der Weide aus durchstöbre ich
jede Schlucht, besteige ich jede Klippe, zwar nur in
Gedanken, aber was so nah und deutlich erscheint,
davon hat man schon so genug und glaubt nichts Neues
gewinnen zu können durch Annäherung. Hier träume
ich oft lange, komme oft recht verklammt zurück, denn
die Abende werden allmählich frisch; aber hier droben
ist meine Heimat, hier geht alles an mir vorüber, was ich
nur in meinem Herzen habe mitnehmen können ... Den
Tag hindurch ist noch Leben im Tal, aber wenn es
dämmert, wenn die Tiefe um eins so tief, die Höhe um
eins so hoch wird, der Fichtenwald dasteht wie die
eigentliche Finsternis und nur die weißen, kalten Mas-
sen droben wie Gespenster herableuchten, glauben Sie
mir, Schlüter, das flache Land bietet keinen Begriff für
die Einsamkeit solcher Augenblicke – öde und gewaltig –, der Tod in seiner großartigsten Gestalt.«

Solche Unnahbarkeit und Abweisung der Natur hatte sie
geahnt, als sie, schon sieben Jahre vorher, ihr Epos vom
»Hospiz auf dem Großen Sankt Bernhard« schrieb. Darin
setzte sie den Mönchen ein Denkmal: Wie die sich sträu-
ben, einen wahrscheinlich Toten mit der äußersten An-

strengung einzuholen, wie der starke trotzige Älteste sie verhöhnt und antreibt und voraustappt, und dann alles umsonst scheint: »Der Mann ist tot«.

Sie spürte selber, daß der großartig getürmte lapidare Schluß – ein beinah Schillerscher Dramenschluß – die gewaltige Bildgestalt gekrönt und vollendet hätte; sie hat's dann umgebogen und versöhnlich verformt, der Mama zuliebe.

Den Winter 1835 auf 1836 leben Therese und Annette in Eppishausen im Thurgau. Es ist bitterkalt, Eppishausen ist beinahe eingeschneit, den Gelehrtenaustausch, die Debatten über die Incunabeln und Versmaße gibt es nicht mehr, die gescheiten Leute können sich die Fahrt auf den kaum gebahnten Schneewegen jetzt nicht zumuten.

Vielleicht hätte Laßberg auch kaum die Ruhe ihnen zuzuhören, denn er ist voller Sorge um die schwangere Jenny, die doch für eine erste Geburt schon fast zu alt ist, schon vierzig Jahre...

Jenny freut sich, sie läßt niemand, am wenigsten ihren Mann, spüren, daß sie auch Angst hat.

Annette denkt manchmal an die alte Amme, die jetzt Rat wüßte aus ihren überlieferten Weisheiten, die vielleicht die leidende Frau mit kaum verständlichen Heilsprüchen beruhigen und ihr den Weg erleichtern könnte.

Daß Kinder geboren werden und Mütter dabei leiden müssen, ist in den reichlich mit Nachkommenschaft gesegneten Familien nichts Tragisches, nur für Annette ist es etwas ganz Neues, die liebe Jenny, die ganz vertraute und in jeder Faser offene Schwester, in diesem veränderten Zustand zu wissen; anders ist es auch, das tägliche zärtliche Besorgtsein des alternden Gatten zu sehen, die anmutige

Reaktion der Frau und ihren neuen, beglückenden, beäng-
stigenden Zustand, den sie jetzt mit Laßberg bespricht und
nicht – wie irgendwelche Mädchenübelkeiten – mit
Annette; all dies erfordert eine neue, distanzierte, taktvolle
Einstellung.

Sie denkt daran, daß sie sich manchmal gefragt hat, wie sie
selber eine Ehe, eine Mutterschaft erlebt hätte, und weiß es
nicht, es ist ihr unvorstellbar, befremdend und grauenhaft,
wahrhaftig! O liebe Jenny! – daß es nur bald zu Ende wäre
damit – aber was für ein Ende könnte es haben?

Und Laßberg, wie würde er das Unausdenkbare bestehen,
und wenn das Kind ... ob es ohne die Mutter leben könnte
oder ihren Tod nicht überleben würde? Und ob sie, die
Tante, es aufziehen müßte?

Sie liegt oft wach, sie atmet den scharfen kalten Bergwind,
der ihren Lungen fast zu streng ist, aber ihrem matten
Herzen guttut – ja, sie erholt sich in der Schweiz, sichtlich
und trotz aller Bedrücktheit, und die Mutter, wie immer
geschäftig, hält sich, als fürchte sie nichts ...

Anfang März, als die Gletscher abends in einem funkelnden
Rot leuchten, liegt Jenny in den Wehen; es dauert zwei
Tage, sie muß wohl sehr leiden; der Arzt wohnt im Haus,
Laßberg sitzt am Bett – und nach zwei durchquälten Tagen
und drei schlimmen Nächten gebiert Jenny ein Zwillings-
paar, zwei niedliche, vollkommen gesunde Mädchen, und
Laßberg ist außer sich vor Rührung.

Jenny strahlt, Annette prüft sich und ist verstört: Neugierig
wartet sie auf die eigene Reaktion, erschrocken-entsetzt, es
berührt sie kaum!

Die winzigen Dinger sind rotverschrumpelt, weich, seiden-
haarig, aber wohlgebildet, und sie schreien – quäkend wie

kleine Katzen –, drücken rosige Fäustchen gegen das offene Mäulchen, und wenn eines schweigt, fängt das andere an zu krähen.

Man hat sie gleich in duftige Spitzenkleidchen gewickelt und mit Häubchen als winzige Damen kostümiert...

Einmal hat Annette die Schwester gefragt, ob sie selber auch so ausgesehen hätte, und hat's gleich wieder bereut: diese beiden sind ja für Jenny und Laßberg das Vollkommenste, was sich irgend denken läßt, und sie selber, Annette, war von je unvollkommen...

Freilich sind sie zärtlich, weich und zierlich, Finger wie Rosenknospen und nicht wie »Vogelkrallen«, was man ihr von den eigenen erzählt hat, und sie duften beide nach Sauberkeit und Neuentfaltung – wenn man die blonden Härchen an die Wange hält.

Neues Leben sind sie, ein Wunder, Gott weiß es, der Wunder schafft, Auferstehungen – wie sie wunderbar gebildet wurden, ohne Makel, mit Füßchen wie kleine mollige Polster und Zehen wie Perlen und einem runden faltenlosen Körperchen, und Augen, die schon jetzt, in diesen ersten Wochen, hell und wach und anteilnehmend aufsehen – – ob sie schon merken, daß man sie liebhat?

Annette ist oft bei ihnen und bei Jenny und sieht, wie die schön geschwungenen kleinen Münder Nahrung saugen und die winzigen Händchen die mütterliche Brust tasten, und einmal, als Laßberg, der im Alter zum ersten Mal Vater geworden ist, über die runden Köpfe streicht, tut es Annette doch weh, nicht Laßbergs wegen, der ihr fremd geblieben ist mit seiner erfahrenen Männlichkeit und gelehrten Eitelkeit, aber um das unbeirrbare Leben, das

sich täglich mehr entfaltet und nicht »reifend abnimmt«
wie das ihre.

Sie sehnt sich nach Rüschhaus, sie möchte am »Geistlichen
Jahr« weiterschreiben und Gottes Wegen nachgehen und
wieder sie selber sein . . .

# 8.
## Kind – Bruder – Geliebter:
## Levin Schücking

*Levin Schücking, 1814–1883*

Als Annette dann mit der Mutter wieder zurückreist – lange rumpelnde rädernde Wagenfahrten, Kopfweh und Gliederschmerzen –, als sie zurück ist, kündigt sich unverhofft mit einem Brief der junge Levin Schücking an, und jetzt verwischt sich Annettes Erinnerung, und wirbelnd dreht sich Zeit und Jahr und die kleinen Rosengesichter sind versunken und eingegangen in das größere des jungen Erwachsenen.

In November 1831 hatte sich Annette auf die Freundschaft zu Katharina Busch besonnen, die verheiratete Schücking, die, wie sie selber, trotz ihrer Ehe allein war und allein kämpfte.
Denn ihr Mann war ein unzuverlässiger und unbeherrschter Mensch, der sie quälte und oft auch äußerlich allein ließ. Ihr will Annette jetzt tröstlich zusprechen, wie sie es täglich der lieben Jenny tut, und ihr schreiben.
Sie versenkt sich, wie sie das in solchen Fällen tut, in das Dasein der Frau, denkt an diese allzu rasch geschlossene Ehe – ein paar wenige Übereinstimmungen hatten die warnenden Stimmen des Inneren übertönt –, an die langsame Ernüchterung, die sie ihr, Annette, gestanden hatte, und das Unglück, das schließlich nicht mehr wegzuleugnen war, die täglichen häßlichen Szenen, kleinliches Gezänke,

dumme Anschuldigungen, obwohl Katharina sich ehrlich entschlossen hatte, allem Musischen, allem Willen zur Formung und Gestaltung abzusagen und nur noch die Frau dieses schwankenden Mannes zu sein.

Sie hatte ihr, Annette, dann den kleinen Buben empfohlen, den blonden, süßen Levin, den Annette ein- oder zweimal gesehen hatte.

Annette setzt sich also an ihren Schreibtisch, um der gequälten Freundin einen Gruß zu schicken, und breitet, da es kühl und feucht und novemberlich im Raum ist, auf die kalte polierte Platte eine Zeitung unter den Briefbogen.

Da sieht sie eine Zeile in der Zeitung – und sieht nicht mehr, es wird ihr dunkel vor den Augen, sie liest doch, und noch einmal: Katharina Schücking ist tot, gestorben mit 36 Jahren; sie hat ihren frühen Tod geahnt, aber Annette hat es nie glauben wollen...

Nachher, es ist der Auftrag der Toten, lädt Annette den jungen Levin ein, der völlig verstört, ein Siebzehn- oder Achtzehnjähriger, vor ihr steht; mit dem Vater sei es nichts mehr, stammelt er, und wo und wie die Mutter gestorben sei, darüber könne er nicht reden.

Und jetzt müsse ja das Gymnasium zuerst absolviert werden und dann werde er schon sehen...

Annette weiß nicht mehr genau, was sie dem Buben gesagt und zulieb getan hat, eh sie ihn ziehen ließ; sie weiß auch nicht – das erfährt sie erst viel später –, wie dürftig und jämmerlich er sein Leben hinbringt, zu erschöpft, um den kräftigen Kameraden immer gewachsen zu sein, und doch voll von brennendem Eifer und Ehrgeiz, so, allein, etwas zu werden und vorzustellen.

Ach, sie hatte selber nicht viel übrig, aber sie hätte es dem anvertrauten Kind gegeben, hätte sie nur alles gewußt! Dem blassen blonden Jungen mit den staunenden Kinderaugen, zarthäutig und mit rosigen Ohrmuscheln, mit dunkelblonden gerollten Locken, glänzend und wie von einem leichten Zephir bewegt – was sind das für pathetische Redereien? Liebe arme Katharina, wie bist du gestorben, da du gewußt hast, daß der Knabe allein zurückbleiben würde? Was bin ich dir schuldig geblieben?

Annette gibt sich kaum Rechenschaft über reale Tatsachen – jetzt, hier, im fernen verwischenden Abstand, sieht sie den jungen Anvertrauten wie ein verschrecktes Kind durch Münster irren, vorbei an der Lambertikirche, die schauerliche Erinnerungen an die Wiedertäufer wachruft, vielleicht scheu oder verzweifelt aufschauend zu der Stelle an ihrer Front, wo damals drei Käfige mit den totgefolterten Rebellen aufgehängt wurden, als Abschreckung für alle Häretiker…

»So verfährt die Obrigkeit mit jedem, der ihr nicht genehm ist in ihrem starren System«, denkt er vielleicht, und wird, verwirrt wie ein gekränktes Kind, ungerecht oder doch verbittert.

Aber, das hat Annette dann aus seinen Berichten erfahren, er ist nicht kleinlich und ohne Aufschwung herumgekrochen, sondern hat sich – westfälisch, denkt sie – aufgerichtet und zusammengerissen und wieder neu angefangen.

Annette versucht in der Folgezeit, dem »kleinen Schücking« ein Stipendium zu verschaffen, da sie weiß, wie sparsam er jetzt leben muß, nachdem der Vater sich mit den

Kindern aus seiner ersten Ehe nach Amerika aufgemacht hat, den Jungen im Stich lassend...

Aber inzwischen war er achtzehn und die Schulzeit ging zu Ende; dann kam München, wo er anfing, Jura zu studieren, danach Heidelberg und Göttingen – ein weicher, von der mütterlichen Fürsorge verwöhnter Junge, der nichts, gar nichts von sich hören ließ, zu stolz, um etwa die Hülshoffsche Hilfe auch nur in Andeutungen zu erbitten, vollends Annettens Güte in Anspruch zu nehmen.

Er arbeitet verbissen, studiert, hungert sich durch, friert in der kalten Kammer.

Sie denkt daran wie an einen Alptraum. Jetzt, wo alles vorbei und verraucht ist wie ein Hirtenfeuer im Spätherbst, ist es, als spüre sie selber den Frost, den Hunger, die Angst und Hoffnungslosigkeit, bis die zustimmende Bestallung eintreffe, auf die alles ankommt, und spürt, wie einen schneidenden Sensenschlag, die niederschmetternde Enttäuschung bei der Absage aus irgendwelchen politischen Gründen – neue Grenzen haben andere Rechte bedingt und da wird seine glänzend bestandene Prüfung nicht anerkannt: der Zipfel des Münsterlandes, in dem er geboren war, gehörte jetzt zu Hannover und damit war er »Ausländer«.

»Lieber Mensch«, sagt sie; ach, das darf sie nicht meinen, das kann sie nicht mehr..., jetzt, die alternde Frau am See.

Es ist dunkel, eine stürmische Frühlingsnacht im Jahre 1847, in der es draußen knackt und knirscht.

Sie hört den See, der mit einem unheimlichen Sirren und Pfeifen in den Sturm hineinsingt, Zustimmung, Angst?

Es ist im Dunkeln, als sähe sie das grünliche Glimmen, das da aufkommt von der Seeferne her und sich aufzäumt mit den weißen Spitzensäumen, die querüber laufen; und an der Mole hört sie das Klatschen, immer wieder Anrennen und Andrängen, und endlich tut es, als sprängen die unaufhörlichen Läufe über die Ränder, über die Mauern.

Sie geht jetzt doch ans Fenster, ohne Licht, denn drunten brennen die Lampen rot und gelb, flackernd oder beständig, in den Fenstern, und weiter draußen sieht sie das Leuchtfeuer, das sie zur Warnung für Boote anzünden, und ganz fern im See noch ein Lichtchen, das immer wieder verschluckt wird von Wassern und Dunkelheit. Ob jemand noch draußen ist? Herrgott der Barmherzigkeit, hilf ihm! –

Dieser Frühling hat trübe angefangen, bedrückend mit den Nachwehen eines sehr langen und sehr ungesunden Winters, während drunten eine Seuche umschlich, und jetzt, da es anfängt zu keimen und früh zu blühen, ist sie noch nicht ganz vorbei.

Annette denkt an ihre Heimat, an das feuchtgrüne, wasserdurchzogene Land, an die Burg, die unheimlich und doch bergend war, wie der Umkreis der altgewohnten, ewig festgefügten Regeln und Bräuche und Pflichten.

Draußen hört sie's leiser toben, gemäßigter ... morgen wird es kühler sein, kahlgefegt der Himmelsrand, klarer das Nahe, und droben die Berge mit Nebelstreifen wie mit wehenden Bärten umwickelt und umstrichen.

Hülshoff – denkt sie, solche Stürme kannte ich dort nicht; sie hat Heimweh, sie ist krank wie ein gefangener Adler, lahm, gelähmt, geschlagen und schwer.

Du Vaterhaus, mit deinen Türmen,
Vom stillen Weiher eingewiegt,
Wo ich in meines Lebens Stürmen
So oft erlegen und gesiegt; –
Ihr breiten, laubgewölbten Hallen,
Die jung und fröhlich mich gesehen,
Wo ewig meine Seufzer wallen
Und meines Fußes Spuren stehn.

Du feuchter Wind von meinen Heiden,
Der wie verschämte Klage weint,
Du Sonnenstrahl, der so bescheiden
Auf ihre Kräuter niederscheint; –
Ihr Gleise, die mich fortgetragen,
Ihr Augen, die mir nachgeblinkt,
Ihr Herzen, die mir nachgeschlagen,
Ihr Hände, die mir nachgewinkt.

Als jüngst die Nacht dem sonnenmüden Land
Der Dämmrung leise Boten hat gesandt,
Da lag ich einsam noch in Waldes Moose.
Die dunklen Zweige nickten so vertraut,
An meiner Wange flüsterte das Kraut,
Unsichtbar duftete die Heiderose.

Und flimmern sah ich durch der Linde Raum
Ein mattes Licht, das im Gezweig der Baum
Gleich einem mächtgen Glühwurm schien zu
                                        tragen.
Es sah so dämmernd wie ein Traumgesicht,
Doch wußte ich, es war der Heimat Licht,
In meiner eignen Kammer angeschlagen.

Das schreibt sie am Morgen in ihr Heft, eine Wiederholung, denn die Verse kommen ihr wieder in die Feder, die sie in Eppishausen im Laßberg'schen Schloß geschrieben hat; sei's drum, hier meint sie's ernster als damals.

Ein ähnlicher Winter, ein ähnlicher armseliger Frühling – vielleicht verwechselt sie's auch jetzt, denn was danach kam, später, überglänzt das alles, so daß es nur noch als düstere Folie davorsteht, damit das Kommende desto unirdischer strahle.

Als sie damals wieder in Rüschhaus war, das muß 1838 gewesen sein, und auflebte und doch enttäuscht merkte, wie matt sie war, wie mißlaunig und so gar nicht kreativ gestimmt und wehrlos gegen die kleinen Angriffe und die große Verständnislosigkeit, als sie wieder einmal unlustig ins Münsteraner Teekränzchen mitgegangen war, da begegnete ihr Levin wieder.

Sie war erstaunt, beinah befremdet: Er hatte sich elegant hergerichtet, nach letzter Mode aufgestutzt, vielleicht mit geliehenen Sachen oder doch mit erhungerten – und erst langsam hörte sie aus vielen geschwungenen Sätzen heraus, wie elend er gelebt hatte und welche Brüskierung er erlebte.

Es gab Gespräche, literarisch-kritische, denen zuerst neugierig zugehört wurde – »sonderbar, daß Nettchen von einem Literaturkenner so ernst genommen wird!« – und dann jenes unwirklich-reale Schwingen, Mitschwingen, Aufleuchten, Herüber- und Hinüberstrahlen das Funken schleudert, deren sie nicht mehr Herr waren, beide nicht, und das sie beide nicht recht wahrhaben wollten. –

Levin nicht in seiner ganzen Dimension, Annette nicht in ihrem eigentlichen Wesen, so unwahrscheinlich war es und so undenkbar, ja ungeheuerlich, daß sie sich wie auf eine umspülte Insel ins Mütterliche flüchtete, in die Verantwortung für ein Schwächeres, Kleines, Hilfsbedürftiges, und doch so abhängig und so aufschauend und selber wehrlos hingegeben, daß sich dieses Gefühl in den kommenden Wochen ihrer völlig bemächtigte; für Levin nun eben ein (zwar nicht leicht genommenes) Erlebnis, unbewußt als Episode empfunden, für Annette furchtbar groß und unbeschreiblich beseligend und einzigartig als Seelenliebe und Geistvermählung. Und als reale Begebenheit nie anzunehmen und anzuerkennen!

Dies Schweben zwischen unkörperhaften Sphären hob Annette über sich hinaus, und über alle Erwartung wuchs ihr Genie, ihre Sensibilität, ihre Glücks- und Leidensfähigkeit... einmal verglich sie's mit zwei Wurzeln, die sich verschlangen, zwei Wellen, die sich ineinander ergossen, mit zwei Tonströmen, die sich zu Harmonien ineinandergefunden hatten.

– Ihr Verstand sagte ihr freilich deutlich genug, daß das nicht dauern konnte, eine Bindung an den viel Jüngeren, von dem sie siebzehn Jahre trennten, und an einen gesunden starken frischen Menschen, dem sie wie eine matte Rankpflanze zuneigen würde. Außerdem war sie dazu auch schon zu selbständig, zu reif, zu sehr als Eigenwesen ausgewachsen.

Aber wer wehrt sich gegen den wilden Eros, der nicht mehr nur Eros ist? Sie sah seinen blonden Nacken, seine hellen Augen, seine schönen kräftigen Hände und war wehrlos.

Und da er ihr vorschlug, täglich ein Gedicht zu machen, das

sie ihm vorweise, war das für sie nicht Zwang und Sklaverei, sondern eine Art heiliger Verpflichtung, ein glühender Aufschwung, der ihr die schönsten Bilder eingab und die wunderbarsten Rhythmen.

1) O frage nicht, was mich so tief bewegt,
   Seh' ich dein junges Blut so freudig wallen,
   Warum, an deine klare Stirn gelegt,
   Mir schwere Tropfen aus den Wimpern fallen.

2) Mir träumte einst, ich sei ein albern Kind,
   Sich emsig mühend an des Tisches Borden;
   Wie übermächtig die Vokabeln sind,
   Die wieder Hieroglyphen mir geworden!

3) Und als ich dann erwacht, da weint' ich heiß,
   Daß mir so klar und nüchtern jetzt zu Mute,
   Daß ich so schrankenlos und überweis',
   So ohne Furcht vor Schelten und vor Rute.

4) So, wenn ich schaue in dein Antlitz mild,
   Wo tausend frische Lebenskeime walten,
   Da ist es mir, als ob Natur mein Bild
   Mir aus dem Zauberspiegel vorgehalten;

5) Und all mein Hoffen, meiner Seele Brand
   Und meiner Liebessonne dämmernd Scheinen,
   Was noch entschwinden wird und was ent-
                              schwand,
   Das muß ich Alles dann in dir beweinen.

Das war eine Formung aus der empfangenen Empfindung heraus, bei der ein strenger Verstand Wache stand,

131

der sich freilich doch dem großartigen Schwung überließ und ergab.

Ja, jedes Gedicht war sie selber, hingenommen und doch streng beobachtend und sogar kritisch, und manchmal mit einem skeptischen Humor.

Nach und nach bildete sich um die beiden »die kleine Hecken-Schriftstellergesellschaft«, zu der auch Wilhelm Junkmann, Luise von Bornstedt, Elise Rüdiger und Henriette von Hohenhausen gehörten. Jetzt entfalteten sich Annettes dichterische Kräfte, getragen durch die Atmosphäre gemeinsamer Interessen und daraus entspringende Anregungen. Das Ergebnis waren eine Reihe von Gedichten und die Novelle »Die Judenbuche«, die 1842 im Cottaschen Morgenblatt veröffentlicht wurde. Den historischen Stoff dazu fand Annette auf der Abbenburg bei Brakel, dem zweiten Wohnsitz derer von Haxthausen.

Immer greller flammt die Erinnerung an die Glut dieser Tage in Annette auf. Sie martert sich und sieht Bilder wie Träume in sich und vor sich, die sie niemand berichtet; ihre riesigen blauleuchtenden Augen – »Nebelbälle« hat sie sie genannt – werden durchscheinender je und je, die Wangen verlieren an Fleisch, die Haut an Leben, an Pfirsichflaum, an Elastizität.

Es ist, als ginge sie wieder durch alles hindurch, wie die angeklagten Frauen in alter Zeit über den glühenden Rost, und doch, schmerzlich gespannt und qualvoll gebannt, bleibt sie unversehrt.

Das ist ärger, als wenn sie verbrennte ...

Sie lebt jetzt ganz darin, im Zentrum ihres Wesens, und als wären nicht mehr als drei Jahre nach dem Ende darüber hingegangen. Sie steht mitten in den Flammen, sie ist noch einmal wie ein glühendes Scheit, heute, am Fuß ihres Kalvarienberges, am Fuß ihres Marterpfahls, mitten drin in aller Quälerei…

Und hat eben erst verstanden, was das alles eigentlich war: Ausbrennen, Ausschmelzen, daß die Schlacken sich lösen und abfallen und das reine gleißende Gold übrigbleiben kann.

In dem Spiegel wie blitzendes Kristall, in dem die Facetten vollendet klar und schattenlos funkeln, sind Lichter aufgesprungen, Funken, die sich zu einem strahlenden Gebild binden, zu einem Ineinander, aus dem kein Stück mehr zu lösen ist. Sie weiß, was das war: Levins Wille, ihr die herrlichste Form abzugewinnen, und ihre demütige Offenheit, die nichts mehr zurückhielt: Goldene Reifen, funkelndes Gestein, Amethysten und Smaragde, alles Edelgestein ist eingefangen in Gebilden von vollendeter Harmonie, von ungeahnter Ausdruckskraft.


Durchwachte Nacht

. . .

Noch ist nicht alles Leben eingenickt,
Der Schlafgemächer letzte Türen knarren
Vorsichtig, in der Rinne Bauch gedrückt,
Schlüpft noch der Iltis an des Giebels Sparren,
Die schlummertrunkne Färse murrend nickt,
Und fern im Stalle dröhnt des Rosses Scharren,
Sein müdes Schnauben, bis vom Mohn getränkt
Es schlaff die regungslose Flanke senkt.

. . .

War das ein Geisterlaut? So schwach und leicht
Wie kaum berührten Glases schwirrend Klingen,
Und wieder wie verhaltnes Weinen steigt
Ein langer Klageton aus den Syringen,
Gedämpfter, süßer nun, wie tränenfeucht,
Und heilig kämpft verschämter Liebe Ringen; –
O Nachtigall, das ist kein wacher Sang,
Ist nur im Traum gelöster Seele Drang.

. . .

Und drunten das Gewölke rollt und klimmt!
Gleich einer Lampe aus dem Hünenmale
Hervor des Mondes Silbergondel schwimmt,
Verzitternd auf der Gasse blauem Stahle;
An jedem Fliederblatt ein Fünkchen glimmt,
Und hell gezeichnet von dem blassen Strahle
Legt auf mein Lager sich des Fensters Bild,
Vom schwanken Laubgewimmel überhüllt.

. . .

Und immer heller wird der süße Klang,
Das liebe Lachen, es beginnt zu ziehen
Gleich Bildern von Daguerre die Deck entlang,
Die aufwärts steigen mit des Pfeiles Fliehen;
Mir ist, als seh ich lichter Locken Hang, –
Gleich Feuerwürmern seh ich Augen glühen,
Dann werden feucht sie, werden blau und lind,
Und mir zu Füßen sitzt ein schönes Kind.

. . .

Wie bin ich aufgeschreckt, – o süßes Bild,
Du bist dahin, zerflossen mit dem Dunkel!

Die unerfreulich graue Dämmrung quillt,
Verloschen ist des Flieders Taugefunkel,
Verrostet ist des Mondes Silberschild,
Im Walde gleitet ängstliches Gemunkel,
Und meine Schwalbe an des Frieses Saum
Zirpt leise, leise auf im schweren Traum.

. . .

Da flammt's im Osten auf, – o Morgenglut!
Sie steigt, sie steigt, und mit dem ersten Strahle
Strömt Wald und Heide vor Gesangesflut;
Das Leben quillt aus schäumendem Pokale.
Es klirrt die Sense, flattert Falkenbrut,
Im nahen Forste schmettern Jagdsignale,
Und wie ein Gletscher sinkt der Träume Land
Zerrinnend in des Horizontes Brand.

Und Levin lobt, er lacht sie an, er jubelt! Was für eine Quelle hat er da aufgesprengt, die ohne ihn immer verschüttet geblieben wäre!
Neue Formen, neue Melodien, Rhythmen, die in Sinn und Seele eingehen, unverlierbar!
»Mütterchen!« sagt Levin dankbar und gerührt, und sie hört es erschüttert und immer neu beschwingt . . .

»Mütterchen« – ist es wirklich das? Sie will nichts anderes wissen, zieht nur manchmal abends unter einem Baum, hinter der Taxuswand, an der Felsmauer, seinen Kopf in ihren Schoß . . .
Sie weiß jetzt nicht mehr, ob das noch im Rüschhaus war oder später, in der Meersburg am See, als sie den liebsten

Menschen zu sich herangezogen hat; den guten Laßberg überzeugt, daß dieser allein der rechte Helfer und Hüter für seine unbezahlbaren Schätze wäre, sein Bibliothekar und Sekretär, und fähiger als jeder andere.

Levin arbeitet in der großen wertvollen Sammlung des Freiherrn mit Feuereifer und voller Dankbarkeit, und Laßberg ist zufrieden, lächelt wohl auch, wenn er das leuchtende Gesicht der kleinen Schwägerin erkennt, die er noch immer nicht ganz ernst nimmt.

Sie hat eine Zeit der Bedrückung hinter sich, der Düsternis, des inneren Elends, die sie sich selber nicht eingestehen mag; es ist wie eine graue Folie, vor der das Neue, das ganz Große, das sie jetzt fast verzehrt und verkehrt, erst recht leuchtet.

Sie hatte sich mit allem Eifer vorgesetzt, Levin äußerlich zu helfen, ihn irgendwo passend und sinnvoll und auch finanziell gesichert »unterzubringen«; aber sogar die Bemühung, ihn dem Minister Hassenpflug, mit dessen Familie sie in aller Freundschaft verbunden war, als Sekretär zu vermitteln, war gescheitert.

Das Ärgste war freilich nicht ihre eigene Enttäuschung – ach! – Levin nahm's wie einen Stoß und Schlag in eine kaum verheilte Wunde; dasselbe enttäuschende »Nein«, das er, sinnlos und unverständlich, nach seinen Prüfungen erfahren hatte – damals wenigstens aus politischen Gründen. Damit war er wieder als unwert gestempelt, als unfähig, als einer, der zum Scheitern verurteilt ist . . .

Leise regte sich sogar etwas wie Ärger, daß sich die gutwillige »Nymphe« aus ihrem Wasserschloß mit ihm befaßt und die Geschichte vielleicht doch ungeschickt angepackt hatte . . ., sie, die ihm – jetzt meinte er das zu spüren – doch immer wieder überlegen war, wenn er ihre Arbeit auch nach Regeln und Lehrmeinungen verbesserte.

Aber dann, endlich, unversehens, wie Glückskugeln eben daherrollen, goldene Bälle, mit lauter Blütenstaub im Gefolge und lauter Blumenduft vor sich: Er wurde nach Meersburg eingeladen, ins uralte Schloß, als bestallter, erwählter, gut bezahlter Bibliothekar und Sekretär des berühmten Laßberg.

Er war einfach glücklich – wie ein Junge an Weihnachten, und Annette war es viel tiefer, umfangender, schicksalsbewußter als er, das kleine Pferdchen, der liebe Junge, ihr Schulte, ihr Kind.


An Levin Schücking

Kein Wort, und wär es scharf wie Stahles Klinge,
Soll trennen, was in tausend Fäden eins,
So mächtig kein Gedanke, daß er dringe
Vergällend in den Becher reinen Weins;
Das Leben ist so kurz, das Glück so selten,
So großes Kleinod, einmal sein statt gelten!

Hat das Geschick uns, wie in frevlem Witze,
Auf feindlich starre Pole gleich erhöht,
So wisse, dort, dort auf der Scheidung Spitze
Herrscht, König über alle, der Magnet,
Nicht frägt er, ob ihn Fels und Strom gefährde,
Ein Strahl fährt mitten er durchs Herz der Erde.

Blick in mein Auge – ist es nicht das deine,
Ist nicht mein Zürnen selber deinem gleich?
Du lächelst – und das Lächeln ist das meine,

An gleicher Lust und gleichem Sinnen reich;
Worüber alle Lippen freundlich scherzen,
Wir fühlen heilger es im eignen Herzen.

Pollux und Kastor – wechselnd Glühn und Bleichen,
Des einen Licht geraubt dem andern nur,
Und doch der allerfrömmsten Treue Zeichen. –
So reiche mir die Hand, mein Dioskur!
Und mag erneuern sich die holde Mythe,
Wo überm Helm die Zwillingsflamme glühte.

Zwillingsflamme – ach, sie waren viel mehr »Zwillinge«, als
sie es ahnte. Beide mit einem tiefen Riß im Innersten,
einem angstvollen Fragen nach der Lebensberechtigung,
der Sicherheit, nach der unbedingten Gewißheit, angenommen, eingebettet, getragen zu sein: Er, Levin, aus den
bedrückenden halbbewußten Erfahrungen der Kinderzeit,
der ein fester, zuverlässiger, achtenswerter Vater gefehlt
hatte; sie, Annette, hineingeschleudert zwischen enge, in
jeder Hinsicht starre Beschränkung und oft Beschränktheit
und den jagenden Dämon, der wie Sturmböen, wühlend,
unberechenbar, tobend mit ihr umsprang, als wäre sie
Welle und Kahn, Flut und gleitendes Hinströmen, über
dem und unter dem die verhaltene Gewalt lauernd lag und
plötzlich rasend durchbrach.
Levin, der Dioskur, wird wohl kaum geahnt haben, welch'
ungeheure Anstrengung es sie kostete, das unirdische,
unterirdische Element zu bestehen, zu fassen, in die Form
zu pressen; und kaum wird er verstanden haben – sie denkt
es jetzt, resigniert lächelnd, zu Ende –, daß vollendete
Form, für immer bestehende, nur mit der übermenschli-

chen Kraft des Genies zu schaffen ist, ohne daß der Ansprung, der große Impetus, verlorengeht.

Ein schönes Kind war er, und als ein Kind mit aller Schönheit des Unberührten, Pflanzenhaften, hatte sie ihn liebgewonnen, Engel und Pflanze, und nicht Weib noch Mann... So, als Kind, stellte sich die Karoline Schlegel, die Romantikerin, Inbild und Mitte des Kreises um Schlegel, Schelling und Novalis, den Christus vor, nicht als Knaben, nicht als Mann... die Brüder Grimm, mit denen Laßberg seine gelehrten Studien trieb, hatten davon erzählt. Und so wollte sie selber den lieben Menschen sehen, der ihr das Wesentliche vermitteln half, sie aus dem Verkrusteten holte, aufbrach und strahlend weitete, und sie erst zu sich selber leitete, indem er sie ganz aus sich herausführte. –


Du schwärmst, alte Frau? Seltsam ist das Alter, das lerne ich langsam. Entfernter ist alles, im Abstand, und doch schärfer gesehen, Gesicht und Gericht! O Levin, wie du mich hingenommen hast: Ströme von dir zu mir, von mir zu dir, elektrische Wellen, die sich zwischen – und aneinander entzünden! Ist es so für die Mutter, die ihr Kind liebt? Ich möchte Jenny fragen, die Gute, die zwei Kinder geboren hat, ist es so? Aber das sind Mädchen, elfenschöne liebreizende Geschöpfe – Levin! Jetzt, wo alles verschattet und zerstört ist, muß ich endlich wissen, was es war, der Dämon, der mich griff und blendete, selig froh machte und entsetzlich hinausschleuderte, aus allem Gesicherten und Gemäßen...
Mama! denkt sie plötzlich, vielleicht hast du mehr von den

Abgründen geahnt, als ich dir zutraute. Deshalb hast du die kühlen Mauern so fest gehalten um uns her, um mich, da du mich flammengefährdet spürtest, ein hauchdünnes, mürbes Gefäß! Levin, Levin – ein Name, fremd, melodisch, einem Ahn und einem Heiligen nachgewählt, sagte ich einmal: süßer Name?
Oft genug liegt sie jetzt und quält sich, windet sich, zittert – »wenn er wiederkäme, ich wäre noch einmal so verloren!«

Annette von Droste, die früh Alternde, deren Haut in zartgerillten Fältchen wie Seidentuch und flirrendes Wasser im Wind aussieht, Annette ist krank. Sie hat dem alten Geschlecht die morbide Zerbrechlichkeit zu danken und die Empfänglichkeit für die Stimmen, die von überall her auf sie eindringen, und die Jenny und vielleicht auch die Mutter nicht hören.
Immer wieder wird sie vom Fieber geschlagen, Hitze, Frösteln – die Augen sind getrübt, in den Ohren ist ein gellendes Klingeln; Unrast, Angst, so etwas wie Verzweiflung würgt sie, und in den Wochen, da sie liegt und dagegen ankämpft, unfähig zu schlafen, unlustig zu essen, träumt sie: Levin ist da, übt zauberisch seinen starken Bann, unwiderstehlich. Und einmal sieht sie Schlüterchen, den blinden, alterslosen Freund auf sich zukommen, und er sagt tadelnd und macht das Kreuzeszeichen: »Levin? Leviathan!«
Sie wacht erschreckt auf: Ach, jener Dämon, den der fromme Schlüter beschwört, wäre furchtbarer; denn der sie so unausweichlich quält, war doch ein Kind, ein Flüchtiger, ein Nestflüchtling, der unter ihre warme Achselhöhle kriechen konnte.

140

Warum nur ist er ihr so gefährlich und so zwingend geworden, ein Magnet?

Der Atem wird ihr eng, die Luft ist Blei...

Sie sieht den See – da wird es leichter, und dazwischen, in den strömenden, flutenden, ungenauen Himmelstüchern ahnt sie eine durchsichtige Gestalt, kaum eine Form noch, die vor sie hintritt und mit einer fast allzu weichen Hand etwas wegwischt, und irgendein sanftes Drängen haucht sie an; sie hört: Die ganze Wahrheit, Tochter, sag es dir ehrlich! Du liebst den Knaben, der halb ein Mädchenkind war, und liebst ihn als Mann, willst ihn umschlingen und in ihn eingehen, unmeßbar, ohne Grenzen.

»Vater!« ruft sie so laut, daß Jenny heraufkommt, die eben auf der Treppe war, und sich auf ihr Bett setzt. Aber da schläft sie schon wieder in ihrer Schwäche...

Lang nachher, als sie matt und ohne Fieber aufwacht, lebt sie wieder in der angestammten und durch ihre Leiden noch näher gerückten Welt, in der Luft von Weihrauch, von stiller geduldiger Gläubigkeit, von Geführtwerden und Sich-Ergeben.

Sie ist ein kleines Mädchen und keine Frau, noch weniger das weltumgreifende Überwesen, das sie eben gewesen ist. Sie kniet in Gedanken – und wieder ist es eine Vision – vor dem Altar von Sankt Lambert und hebt eine schwere goldene Last in die Höhe, ihr Haar vielleicht, das sie opfern soll. –

Ausgelöscht und geblendet fühlt sie sich, wie ein durchscheinendes Gewebe. »Durchleuchte mich, ewiges Licht! Durchglühe mich, schmelze in mir, was noch von Schlacke umklammert ist – alle Schuld!«

Jetzt kann sie aufstehen, schwankend zwar, die Füße tun weh, sie tastet sich ans Fenster. – Weit gedehnt liegt der See, Silber und Perlmutter, kaum geregt vom leisesten Hauchen der Luft, grau-rosa, weiß durchquert von Streifen, die wie helle Speere hinüber- und herüberfliegen.

Und die Berge... die Berge sind da: Geschichtet und gebreitet, Lichter auf den blitzenden Schneeflächen, violett in den Schroffen, rosa die silbern flimmernden Höhen, klar, verklärt die Spitzen, die schon in den Äther eintauchen, so – denkt sie – wie es auf den Kirchenhimmeln ist, in den Visionen der Barockmaler, die aus dem erdendunklen Umkreis das immer hellere Farbenspiel strömen lassen, bis zu der kaum mehr formbaren, spürbaren, ahnungsvollen Klärung, dem Zentralpunkt, der nur noch Reinheit ist...

Sie zieht die feuchte frische Luft tief in die kranken Lungen, ihr wird wohler. Nur – sie verträgt das scharfe prickelnde Element nicht mehr, es reizt die zerfallenden Gefäße, wie ein rüttelnder Anreiz drängt es den Husten herauf, sie muß sich umdrehen, bücken, keuchen, und eben noch gelingen ein paar Schritte zur Schüssel, die die dünnen Blutfäden auffängt.

Nachher friert sie und wickelt sich in ihr Wolltuch; die Berge... sie ist wieder frierend, schlitternd, gleitend und angstverklammert in ihrer eigenen Vision.

Levin, das muß sie sich schmerzlich eingestehen, war bald das geworden, was er äußerlich schon lange aus sich gemacht hatte: ein vornehm-eleganter Herr, ganz in den Linien der Mode, mit lockigem blondem Bart, gefälligen Haartollen, geschmackvoll und kleidsam aufgemacht und nirgends Anstoß erregend, der höchstens bewunderndes

Erstaunen hervorrief mit der kostspieligen Kleidsamkeit und Schmiegsamkeit außen und innen, die ihn angenehm machte und keine Probleme stellte.

So ist es ihm auch gelungen (ein leiser Stachel rührt ihn dabei immerhin an), seine Tagesschriftstellerei emsig fortzutreiben, und da er sich dabei im Stil der Zeit fühlt, auch den zunehmenden Strömen der Vierzigerjahre zuzuarbeiten, den Revolutionsstrebungen Zuflüsse zu liefern.

Er hat – sie sieht es jetzt – das Harte, Düstere in ihrem Werk nicht ertragen, das Männliche, das ihm seine eigene Weichheit, seine weiblichen Züge vorhielt: ihre Epen und Balladen (das »Vermächtnis des Arztes«, den »Spiritus familiaris des Roßtäuschers«) hat er als makaber, manieriert, schauerlich empfunden, weil sie groß gebaut waren.

Daß der junge Mensch dem Anspruch des Genialen nicht gewachsen war, armselig und ruhmsüchtig wurde und versagte... Die Günderrode hat sich getötet am »heiligen Rhein«, um ihren Mann durch ihr Sterben aufzuwecken und zum Genie zu zwingen. – Unnützes Opfer! Was klein angelegt ist, wird durch nichts über sein Maß gesteigert!

Doch für kurze Spannen »wallt die Woge auf«, mit Annettes Kraft ist auch Levins Talent wachsend erhöht, aber er kann den Anspruch nicht halten. Annette, die seinen kurzen Höhenflug als seine alleinige Leistung mißverstanden hat und nun das schmähliche Abklingen erst langsam erkennt und hinnehmen muß, Annette sucht nicht das Drama, den Schock, wie die Günderrode, die sich erstach, um den Freund (für sich? für ein geniales Werk?) aufzubrechen; Annette zieht sich in sich zurück, immer auch bei sich selbst Schuld und Versagen suchend, wie sie es von jeher getan hat.

Manchmal hat sie geglaubt, ihn als einen Dichter geboren zu haben, unter Qualen – und hat plötzlich ein fremdes, feindliches, eigensüchtiges Geschöpf vor sich.

Langsam, als gleite das Wasser nach schwerem Sturm in seine Ruhe zurück, zaghaft und als müsse gefragt und gezögert werden (nach den eben noch brüllenden Schreien des empörten Elements, Schaumkronen wie wütendes Getier auswerfend, und anspringend wie ein tobender Stier mit gesenktem Nacken und vorstoßendem Gehörn)...hinschleifend und müde, unkräftig und monoton – so kommt Annette zur Ruhe. Der See ist grau, ein Filztuch, vom deckenden Himmel nicht zu unterscheiden; sie ist eigentlich dankbar, daß es so ist, es läßt sie in Ruhe, in ihrer Lethargie, in ihrer Lebens- und Todesschwäche.

Draußen lastet es wie mit tödlicher Absicht, und wenn ein zartheller Sprühregen niedergeht, ist es schon ein wohltuender Effekt – ach ja, sie kann lächeln über das Verrauschte, Hinuntergespülte, Weggewischte. Sie kann jetzt lächeln über das, was sie damals innerlich fast zerriß: Levins überstürzte Abreise im Sommer 1842 von der Meersburg, nach Ellingen zum Fürsten Wrede, wo er einen Erzieherposten übernahm; seine Bekanntschaft mit Luise von Gall, der »Veilchenfrau«, die ihr allmählich sein Herz entfremdete. Ach, sie kann ihm jetzt verzeihen, daß er sich an die niedliche »Veilchenfrau« gebunden hat, die ihr – sie hat es freilich zuerst gar nicht gemerkt – mit primitivem Mißtrauen entgegentrat, daß er sich von ihr in seiner aufgeblasenen Eitelkeit bestärken ließ, daß er in albernen Briefen übersteigert und verkrampft von den Begegnungen mit Luise von Gall wortreich berichtete!

Annette kennt Luise von Gall – die literarischen Zirkel in Münster mit ihrem gesellschaftlichen Ritus haben sie miteinander bekanntgemacht. Sie sieht schon, was den »schönen Knaben« anzieht, es mußte sein, es mußte so kommen, eine junge hübsche, ein wenig törichte und dabei dichterisch ehrgeizige Mädchenfrau, die ihn bewundert und sein immer waches Mißtrauen beschwichtigt, das Verlangen nach täglicher Neubestätigung beruhigend füttert.

Da war nichts mehr aufzuhalten, es mußte hingenommen werden, daß sich Levin im Sommer 1843 mit Luise verlobte, sie mußte es leiden, daß er sie wenige Monate später heiratete.

Aber so mußte er ihre Freundschaft nicht mit Füßen treten, so durfte er alles, was zwischen ihnen gewesen war, nicht verachten, daß er vor ihr ungehemmt die Vorzüge der Braut herausstrich.

Und wie sehr verstößt Levin, sicher aus einem verborgenen Schuldgefühl heraus, gegen seine eigenen Möglichkeiten zu Würde und Aufrichtigkeit, wenn er schließlich mit der ganzen verlegenen Taktlosigkeit, ja Feigheit des kleineren Geistes, und sichtlich unter den Augen seiner Luise schreibt:

»Ich habe bis jetzt aufgeschoben, Ihnen zu schreiben, liebes Mütterchen, aus allerlei Gründen, die ich hier unangedeutet lasse. Nun aber, nachdem ich so lange nichts von Ihnen gehört, drängt's mich, Sie recht von Herzen um einige Zeilen zu bitten, wie es Ihnen geht?

Was mich betrifft, mir geht's gut, wie es nicht anders kann, wenn mich etwas drückt, so ist's nichts anderes, als nicht zu wissen, was Sie machen und ob Sie noch mein gut Mütterchen sind? Gelt, ja? Sie verlassen Ihren Jungen nicht, der Sie so lieb hat.

Wie oft sprach ich nicht von Ihnen – es vergeht kein Tag –, und wenn ich's nicht noch mehr tue, so ist es nur die Furcht, daß man mir doch nicht glaubt, wenn ich so voll von Ihnen bin, bis Sie mal siegreich Ihre Gedichte losgelassen haben.

Seit ich Ihnen zuletzt schrieb, hab ich folgendes getan und erlebt ...

... wir ließen uns am 7. Oktober mittags um ein Uhr trauen, in der *katholischen* Kirche. Meine Zeugen waren zwei Vettern Luisens: ein Kammerherr von Gall und ein Hofgerichtsanwalt Sues. Wir sahen übrigens beide sehr nobel aus. Meine Braut sah, kann man sagen, ideal schön aus, im einfachen, nicht décolletierten Kleide von echt ostindischem Musselin und weißem Atlas darunter, den reichen Myrtenkranz à la Ceres.

Nach der Trauung gab uns der Oberjägermeister ein kleines Diner und danach reisten wir fort. Die drei nächsten Tage brachten wir bei Justinus Kerner zu, wo auch Geibel war.

... Dieser Tage habe ich endlich die Dombausteine mit meinem Roman: ›Das Stiftsfräulein‹ erhalten. Die Geschichte macht sich sehr gut. Was machen aber Ihre Gedichte? Zaudern Sie doch nicht länger, liebes Mütterchen!!!

Meine Chiffre in der Allgemeinen Zeitung ist S. vor dem ersten Wort jedes Aufsatzes. Dieser Tage erscheint einer

über einen Aufsatz der Revue des deux mondes, den Sie
lesen müssen. Ich war sehr geneigt, den französischen
Kritiker glimpflich zu behandeln, weil er mich mit
Simrock zu den hoffnungsvollen Poeten Deutschlands
rechnet.
Will mein Mütterchen die Dombausteine lesen, so
schicke ich sie. Ich habe sie nicht beigelegt, weil manches darin, was Sie unangenehm berühren könnte. Tausend Grüße von Ihrem treuen Jungen.«

Ach ja, er ist glücklich, Luise hat ihm das sichere Selbstgefühl gegeben, das sie selber, Annette, ihm wohl nicht hat
geben können...


Sie sitzt eine Weile zusammengesunken, zusammengefaltet
da und versucht, sich aus dem Kokon zu lösen, der sie
immer häufiger umspinnt – Flügel? Nein, die sind eng
verklebt und eingeschlossen in die dichte unsprengbare
Hülle... Aber wie? Sollte sie jetzt weniger Mut haben als
damals, wo sie trotz der Trennung von Levin, trotz seiner
Verlobung die Energie aufbrachte, das »Fürstenhäusle« zu
kaufen, vielmehr zu ersteigern vom ersten größeren Hono-
rar, und das bezahlte Cotta, der große Verleger Goethes
und Schillers, den ihr Levin verschafft hatte...
Ganz beseelt von dem Schwung, mit dem sie diesen Kauf
getan, hatte sie ihren Neuerwerb in einem Brief an die
Freundin Elise Rüdiger beschrieben.

»Jetzt muß ich Ihnen auch sagen, daß ich seit acht Tagen
eine grandiose Grundbesitzerin bin, ich habe das

blanke Fürstenhäuschen, was neben dem Wege zum Figel liegt, – doch dort waren Sie nicht, aber man sieht es gleich am Tore liegen, wenn man zum Figel geht – nun, das habe ich in einer Steigerung nebst dem dazu gehörenden Weinberge erstanden – und wofür? für 400 Rtlr. – dafür habe ich ein kleines, aber massiv aus gehauenen Steinen und geschmackvoll aufgeführtes Haus, was vier Zimmer, eine Küche, großen Keller und Bodenraum enthält, – und 5000 Weinstöcke, die in guten Jahren schon über zwanzig Ohm Wein gebracht haben, – es ist unerhört! aber keiner wollte bieten, dieses unglückliche Jahr bringt nur Verkäufer hervor. – Gottlob ist's kein armer Schelm, dem ich es abgekauft, sondern der reiche Großherzog von Baden, dem dies vereinzelte Stückchen Domäne lästig war. – Früher gehörte es den Bischöfen von Konstanz, und der letztverstorbene ließ dies artige Gartenhaus bauen, wo er manchen Tag soll gespeist haben, – die Aussicht ist fast zu schön, d. h. mir zu belebt, was die Nah- und zu schrankenlos, was die Fernsicht betrifft. – Es ist der höchste Punkt dieser Umgebungen – gleich am Fuße des Hügels zwei sich kreuzende Chausseen, – tiefer Stadt und Schloß Meersburg, die hier ganz niedrig zu liegen scheinen; als nächste Punkte darin und sich wunderschön präsentierend, rechts das alte Schloß, links das Seminar, von dem Nachmittags der schöne Chorgesang so deutlich aufsteigt, daß keine Note verloren geht, – tief unten der See mit seiner ganzen Rundsicht, die Insel Mainau, Konstanz, Münsterlingen, das Thurgau, St. Gallen, auf der einen Seite nur durch die Alpen beschränkt (von denen ich hier noch die ganze Tiroler Kette als Zugabe habe), von der andern durch die höchsten Kegel des Hegaus, – es ist eigentlich wunderschön, und die Meersburger halten dieses Fürstenhäuschen (auch der Hindelberg genannt) für eine unschätzbare Perle, – mir ist's aber fast zu viel und zauberhaft, und wie ich so droben die ganze Gegend kontrollieren kann, jeden Bürger, der auf die Gasse oder auch nur ans Fenster, jeden Bauern, der in seinen Hofraum tritt, so komme ich mir vor wie der Student von Salamanka, dem der hinkende Teufel die Hausdächer abgehoben hat, und mir ist beinahe sündlich zumute.«

Mein Gott, wie war sie damals frisch und glücklich und unternehmend und lebenskräftig! Was der See alles wirkte – die golden durchschwirrte Luft, die Rebhalden und Blütenbäume, die Berge im magischen Licht, der Sturm!

Wenige Monate nach seiner Heirat lud Levin sie ein. Er regte sogar an, ein gemeinsames Haus am Rhein zu kaufen und à trois darin zu wohnen und zu dichten; vielleicht hatte er von dem fast gleichaltrigen Dramatiker Friedrich Hebbel gelesen, dessen berühmte Frau Christiane Enghaus die einstige Freundin ihres Mannes, Elise, zu sich genommen hatte – eine so völlig andere Konstellation, daß – hätte Levin Annette mit dem Beispiel behelligt – sie das als bittere Kränkung hätte nehmen müssen.

Luise war ja nichts als ein kleiner Leuchtkäfer an ihrem Horizont, so sehr sie sich mühte, ihr gerecht zu werden, sie sympathisch zu finden – es lag nicht an ihr, Annette. Und Levins Vorschlag war gewiß nur eine rhetorische Phrase, nicht ernst gemeint.

Immerhin – ein Zeichen der Zuneigung, des Vertrauens, der Dankbarkeit vielleicht?

Annette lehnte natürlich ab; dazu war sie zu vernünftig, kannte den Freund und vermutete die Einstellung Luises, und sie durfte auch nicht mit ihrer (immer ungewissen) Gesundheit rechnen. Aber es war doch wohltuend, ihn wenigstens in vagen Planungen auf diesem Weg zu sehen...

Und wie wäre es, wenn sie ihrerseits die beiden einlud? Auf die Meersburg? Hier konnte sie den Rahmen der Begegnung bestimmen. Hier war es gewiß möglich, auf neue Weise eine Beziehung zu Levin anzuknüpfen. Gemeinsamkeiten mußte es noch geben, auch über die bloß geschäftlichen Angelegenheiten hinaus – Levin war der Mittelsmann zwischen ihr und ihrem Verleger Cotta. Und vielleicht ließ sich auch mit Luise ein erträgliches Einvernehmen herstellen.

Und so schrieb sie und lud die beiden ein, schrieb noch einmal und bat um Antwort, und schrieb wieder.

Dann endlich kam er, der lang ersehnte und oft erbetene Brief, der Bescheid auf die Einladung für ihn und seine junge Frau.

Es heißt da, ohne Entschuldigung für Levins langes Schweigen: »Wir werden pünktlich am 1. Mai in Meersburg eintreffen und ebenso pünktlich am 23. abreisen...«

Und Luise, die junge Frau, schreibt ihr eine ganze Seite voll »Weihrauchqualm«, wie es Annette nennt, sie sei bestimmt, der Stolz ihres ganzen Geschlechts zu werden...

Und auf der nächsten Seite fügt Levin an, daß dies und jenes an ihren Gedichten, was er früher liebenswert und bedeutend genannt hatte, ihm, aus was für Gründen auch immer, schwach erscheine und fatal geworden sei – als müsse er

150

ihr beweisen, wie er jetzt, durch Luise, erst den richtigen Blick für die wahre Kunst gewonnen habe...

Und dann: »Mein Luischen kömmt eben herein und will sich totlachen, daß ich Sie noch erst um Erlaubnis frage; sie meint, alles das, was ich abgeändert wünsche, seien ja lauter Unmöglichkeiten! Und ich hätte zu Ihrem eigenen Besten frisch drauf loskorrigieren sollen, ohne Sie lange zu fragen! Sie wolle mir noch eine Menge anderer Unmöglichkeiten zeigen...«

Zorn und berechtigtes Gekränktsein treibt Annette noch jetzt das Blut ins Gesicht... auch wenn sie hundertmal Recht hätten, so – so taktlos brutal durften sie nicht schreiben, durfte vor allem Levin nicht schreiben, der bei aller männlichen Hartschaligkeit ihr so nah gewesen war und mehr von ihrem eigentlichen Wesen erfahren hatte als irgendein Mensch auf der Erde...

Und dann verschob er kurzfristig den Ankunftstag wieder, und Annette hatte geplant und gerichtet und sich trotz allem gefreut, gefreut darauf, daß doch alles nur Schatten und Schleier wären vor seinem wirklichen geliebten Gesicht. Sie wollte Luise liebhaben, sie sah ein, daß sie den nächsten Menschen jetzt nicht mehr für sich beanspruchen durfte, wie man einen eigenen Freund, erst recht nicht wie man einen Geliebten halten will.

Sie sucht, als die beiden doch endlich da sind, Gemeinsames mit Luise, Themen, die sie ansprechen könnten, sie meint, Literarisches müsse die Brücke bilden – sie rechnet sich jetzt als Schuld an, was doch die schmale Seele der jungen Frau verschuldete!

Es mag so sein, denkt sie jetzt, daß ich dumm war und meine eigenen Maße anlegte, wo ich mit dem großen Herzen Gottes hätte urteilen müssen – nicht »urteilen«, nur annehmen und hergeben; woher hätte ich das Recht gehabt auf mehr?

Und doch wußte sie, was ihr das Recht gegeben hätte: der einzigartige Austausch mit Levin, diese geistige Befruchtung, dies Beflügeln hin und her, mit dem der große Auftrag erfüllt worden wäre!

Sie sind also abgereist, vergnügt, erfüllt von der Überzeugung, mit ihrem Besuch die Gastgeber beschenkt und das »Mütterchen« zumindest zurechtgebracht zu haben, auch literarisch . . .

Ja, Levin ist wahrhaftig ein Pferdchen, hintrappelnd über Acker und Wiese, und über die sorglich gepflegten Blumenbeete auch, ohne viel vor sich hinzusehen, höchstens den erhobenen Kopf in den Wind gestreckt mit dem Gefühl, etwas ganz Besonderes und Begnadetes zu befördern.

Was es davontrug? Was es unter die strammen silbergrauen Hufe trat?

Annette konnte schon wieder lächeln – sie hatte einmal die gefühlige Geschichte der chinesischen Mutter gelesen, der ihr Sohn das Herz aus dem Leibe trennte, um seiner Geliebten zu gefallen – ein grausiges Märchen. Und die, als der Sohn über das geopferte Herz stolperte, noch rief: »Hast du dir wehgetan?«

Als die beiden abfahren, bringt sie das Paar zum Schiff:

Lebt wohl, es kann nicht anders sein!
Spannt flatternd eure Segel aus,
Laßt mich in meinem Schloß allein,
Im öden geisterhaften Haus.

Lebt wohl, und nehmt mein Herz mit euch
Und meinen letzten Sonnenstrahl;
Er scheide, scheide nur sogleich,
Denn scheiden muß er doch einmal.

Laßt mich an meines Seees Bord,
Mich schaukelnd mit der Wellen Strich,
Allein mit meinem Zauberwort,
Dem Alpengeist und meinem Ich.

Verlassen, aber einsam nicht.
Erschüttert, aber nicht zerdrückt,
Solange noch das heil'ge Licht
Auf mich mit Liebesaugen blickt.

Solange mir der frische Wald
Aus jedem Blatt Gesänge rauscht,
Aus jeder Klippe, jedem Spalt
Befreundet mir der Elfe lauscht.

Solange noch der Arm sich frei
Und waltend mir zum Äther streckt
Und jedes wilden Geiers Schrei
In mir die wilde Muse weckt.

# 9.
## Kathinka stirbt

*Maria Katharina Plettendorf, 1763–1845. Amme der Dichterin.*
*Lebte später im Haus Rüschhaus. Ölgemälde von J. J. Sprick*

Annette, am Balkon der Meersburg stehend, sieht auf den See. Er nebelt sich ein, die Berge sind weggewischt, Regenböen peitscht der lieblose Wind, nicht einmal dramatisch, nicht einmal zu irgendeiner Aktivität fordernd, und die Boote gehen schlafen.

So war es auch nach dem Abschied von Levin, denkt sie. Damals wollte sie noch einmal nach dem lieben Rüschhaus zurück, wo sie zu Hause war. Der kleine Park mit den dicken, heiter gemeinten Putten würde voller braunroter Blattmumien sein; sie würden Mühe haben mit Rechen und Besen.

Man wird schon im Kamin ein kleines Flackerfeuer anzünden, sie werden das »Schneckenhäuschen« vielleicht herrichten, damit sie hineinkriechen kann, denn sie hat ihr Kommen vage in Aussicht gestellt.

Davor steht freilich die lange Wagenfahrt, mit Aufenthalten, mit Besuchen, mit kleinen Mißhelligkeiten, mit großen Übelkeiten.

Sie spricht mit Jenny darüber, aber die will nichts hören – sie solle den Winter hier bleiben, es sei doch warm und alles für sie da, und wenn sie ein bißchen mehr essen wollte, Warmes vor allem, gingen die Nebelbedrückungen vorbei.

Dann fährt sie aber doch; es ist ein unverhofft strahlendkühler Herbstmorgen, und sogar der See läßt sich heiter an, heiter wie ihre Putten im Rüschhausgarten, »Feuer, Wasser, Luft und Erde«, die der berühmte Schlaun so behäbig-drollig auf ihre Sockel gestellt hat, für sich und die Seinen, unter denen, sie weiß es nicht genau, vielleicht auch Kinder waren, so dick und verspielt mit Griechenhelm und Kanönchen wie diese steinernen, an die sie so oft denkt.

Sie rüttelt mit dem Wagen davon, der schwer bepackt und gut ausgepolstert ist, und schiebt sich von einer Ecke in die andere, weil der Rücken ihr wehtut.

Während sie mit den Rüschhausputten umgeht, fällt ihr »die Birnau« ein, das Gotteshaus auf der Bergnase über dem Bodensee, das ein jauchzender jubelnder strudelnder Lobgesang ist und voller quirlender Engelsgestalten, die niedlicher und geglätteter sind in ihrer purzelnden Rundlichkeit als die in Westfalen.

Warum denke ich beständig an Putten und flatternde mollige Kinder? Alles haben sie damals ins Putzige verkehrt, alles Bittere, Hartschalige verhüllt und umkränzt, aufgeschmückt und zugedeckt. Mag sein, sie hätten es sonst nicht ausgehalten, das Leben *mußte* ein schönes Theater sein!

Hier unten im Süden fiel's leichter als dort, zu Hause, wo die feuchten Wiesen zwischen den Erlenbüschen, dicht an der Straße, ins Moorige übergehen, ins braune Dunkel, von Dünsten gestreift. Und wo aus den wasserblauen Rundaugen Angst und Ahnungen zu ihr aufsahen, wenn sie irgendwo hielt und fragte.

Verblaßt, gebleicht – das fiel ihr da ein; gebleichte Knöchlein, sagte sie vor sich ihn, wie denn jedes Wort, jeder Anklang gleich ihre spielerische, schöpferische, melodietreibende Phantasie aufweckte und weiterjagte.

Wieviel Gespürtes, wieviel Gewußtes und Vergessenes griff nach ihr, wieviel moosgeflochtenes Gespinst fingerte da herauf, das sie kannte und fürchtete und liebte.

Im Rüschhaus wartete die Mama, hatte die Kaffeetafel dekken lassen mit altem schönem Geschirr, und den offenen Kamin heizen.

Annette trank und aß ein bißchen, nicht viel; dann wurde sie krank und legte sich zu Bett wie jedesmal, wenn sie eine Reise hinter sich gebracht hatte, mit leichtem Fieber und Husten, Kopfweh und Gliederschmerzen – man kannte das schon.

Ein paar Tage später schlich sie sich nachts in den großen Gartensaal und machte Licht mit der Kerze aus ihrem Schlafraum; auf dem Kaminsims standen die alten Leuchter und blinkerten, noch ehe die Dochte brannten, in einem dünnen, faserigen Mondlicht vom hohen Fenster her.

Annette roch das Heimatliche aus den alten Mauern, aus den gestickten gewobenen Bezügen und dem knackenden wurmstichigen Truhenholz.

Sie hatte jetzt die Lichter in den hohen Kandelabern alle angezündet, schlich sich zurück an die Kaminwand mit der feierlichen Bespannung und drückte und zog, bis sich, leise knarrend, die Wand verschob und öffnete.

Da kam das geheime Hausaltärchen zum Vorschein, das sie suchte. Ein Ahnherr hatte das Geheimnis einbauen lassen, da er mit dem Hauskaplan zerstritten war und ohne ihn auskommen wollte.

Dann hob Annette ihre Kerze gegen das funkelnde, dunkelnde Wandbild. Sie suchte – jetzt sprach sie es vor sich hin – das tiefste Grauen, die stärkste Probe, die bitterste

Todesnähe, die sie im einsamen Wald nicht so hätte finden können...

In dem barocken Goldgewirbel des anmutig gezierten Aufbaus, den die Engelchen spielerisch krönten, fühlte sie jetzt – und sie hatte es gesucht – ein Gericht für sich, da sie sich dem Heiligen als ihrem Richter gegenübersah, dem Unbedingten, das ihr alle Schwachheit und Eigensucht, die Lässigkeit und Angst vor Menschenurteil vorhalten konnte, und sie so, plötzlich, wie mit einem feurigen Riß grell ausgeleuchtet, in allem Unwert enthüllte.

> Die Augen darf ich nicht erheben,
> Ich darf es nicht,
> Und meine Wimpern beben.
> Und unter den geschloß'nen Lidern fahren
> Die Schatten alter Sünden hin und her,
> Was dann sich muß dem Hirne offenbaren,
> O, meinem Feinde werd' es nicht so schwer!
> Aus Grund und Wänden auch,
> Sie dampfen, schweben durch die Zimmer,
> Gebild aus Rauch...

> Dann müssen alle Worte sich empören,
> Die frevelnd ich gesprochen einst und je,
> Und alles, was noch jetzt mich kann verstören,
> Das steigt und wirbelt um mich wie ein See,
> Dann fühl' ich in dem Schaum
> Noch heut' mich keiner Bande ledig,
> Dann stöhn' ich kaum:
> Gott sei mir Sünder gnädig!

Es war, als müßte *sie* durch ein Glutbad von Reue das Unrecht abbüßen, das andere, Nächste, das *der* Nächste, ihr angetan hatten.

Vielleicht empfand sie wirklich »die Sünden der Welt« und war bereit, daran zugrunde zu gehen, um sie allen abzunehmen?

Hätte sie so, zerschlagen, einen gütigen, ausgewogenen, gelassenen Beichtiger vor sich gehabt, es möchte ihr eine tröstliche Heilung aus ihrer angestammten und eingeprägten Gläubigkeit gewachsen sein.

Annette setzte sich im Gartensaal auf ein Stühlchen, die Hände verschränkt und den Kopf gebeugt.

Nach einer Weile stand sie auf und schloß den Laden vor dem Altar, als verschlösse sie sich die Gnade und das Licht und alles, was lebenswert war.


Als Christus lag im Hain Gethsemane
Auf seinem Antlitz mit geschloßnen Augen;
Die Lüfte schienen Seufzer nur zu saugen
Und eine Quelle murmelte ihr Weh,
Des Mondes blasse Scheibe widerscheinend:
Da war die Stunde, wo ein Engel weinend
Von Gottes Throne ward herabgesandt,
Den bittern Leidenskelch in seiner Hand.

Und vor dem Heiland stieg das Kreuz empor,
Daran sah seinen eignen Leib er hangen,
Zerrissen, ausgespannt; die Stricke drangen
Die Sehnen an den Gliedern ihm hervor.
Die Nägel sah er ragen und die Krone
Auf seinem Haupte, wo an jedem Dorn

Ein Blutestropfen hing, und wie im Zorn
Murrte der Donner mit verhaltnem Tone.
Ein Tröpflein hört er, und am Stamme leis
Herniederglitt ein Wimmern qualverloren:
Da seufzte Christus, und aus allen Poren
Drang ihm der Schweiß!

Und dunkler ward die Nacht, im grauen Meer,
Schwamm eine tote Sonne; kaum zu schauen
War noch des qualbewegten Hauptes Grauen,
Im Todeskampfe schwankend hin und her.
Am Kreuzesfuße lagen drei Gestalten;
Er sah sie grau wie Nebelwolken liegen,
Er hörte ihres schweren Odems Fliegen,
Vor Zittern rauschten ihrer Kleider Falten.
O welch ein Lieben war wie Seines heiß?
Er kannte sie, er hat sie wohl erkannt:
Das Menschenblut in seinen Adern stand
Und stärker quoll der Schweiß!

Die Sonnenleiche schwand, nur schwarzer Rauch,
In ihm versunken Kreuz und Seufzerhauch;
Ein Schweigen, grauser als des Donners Ton,
Schwamm durch des Äthers sternenleere Gassen;
Kein Lebenshauch auf weiter Erde mehr,
Ringsum ein Krater, ausgebrannt und leer,
Und eine hohle Stimme rief von oben:
Mein Gott, mein Gott, wie hast Du mich verlassen! –
Da faßten den Erlöser Todeswehn,
Da weinte Christus mit gebrochnem Munde:
Herr, ist es möglich, so laß diese Stunde
An mir vorübergehn! –

Ein Blitz durchfuhr die Nacht; im Lichte schwamm
Das Kreuz, o strahlend mit den Marterzeichen,
Und Millionen Hände sah er reichen
Sich angstvoll klammernd um den blut'gen Stamm,
O Händ und Händchen aus den fernsten Zonen!
Und um die Krone schwebten Millionen
Noch ungeborner Seelen, Funken gleichend;
Ein leiser Nebelrauch, dem Grund entschleichend,
Stieg aus den Gräbern der Verstorbnen Flehn.
Da hob sich Christus in der Liebe Fülle,
Und: Vater, Vater, rief er, nicht mein Wille,
Der Deine mag geschehn! –

Still schwamm der Mond im Blau, ein Lilienstengel
Stand vor dem Heiland im betauten Grün;
Und aus dem Lilienkelche trat der Engel
Und stärkte ihn.


In ihrem Bett lag sie wach, wühlte sich in die Kissen, die
man sorglich angewärmt hatte, damit sie nicht wäsche-
feucht und wie ungenutzte tote Stücke unter ihr waren.
Schließlich schlief sie. Sie sah im Halbtraum noch das
Gesicht in den gewürfelten Pfühlen im Ammenzimmer-
chen, das sie für die alte Kathinka bei der Mutter gemietet
hatte; hörte auch die kratzende, heisere, liebe Stimme, mit
der die Frühgealterte sie empfangen hatte, die Arme aus
der Decke geschält und die Hände ausgestreckt und »min
leve Frölen!« murmelnd und flüsternd, immer wieder
dasselbe, und Annette spürte die kühle Ernüchterung, die
ihr sagte, daß diese, die »Mutter«, die Wärme und Heim-
kehr für sie bedeutete, sich verändert hatte, auch sie, denn

sie war ein verwirrtes, verstörtes, unbeholfenes Geschöpf geworden, töricht fast und kaum recht ansprechbar – auch sie verändert, auch sie verzerrt und verbogen, aber doch... nicht aus eigener Schuld – – wer kann dem Alter wehren?

Ein Kind schien sie geworden, oder doch bald eines zu werden, das gepflegt und geführt werden mußte – *auch* ein Kind, doch keins mit den blühenden Lippen und dem bebend-leuchtenden Blick, der ihr die Aufgabe und Hingabe bei Levin so leicht gemacht hatte.

»Ach – Kathinka!« Annette nahm im Hinüberschlummern nur die Stimmung wahr, wie einen Grundton, wie ein umgebendes Fluidum, das wohl Zärtlichkeit und Mitleid einschloß, aber doch Bemühung und Überwindung auch.

Später, in den folgenden Wochen, war Annette hellwach bei den Gesprächen und Einblicken, beim Beobachten der Mama – war auch die anders geworden? –, beim ängstlichen Erspüren der Freunde, der Bekannten, die sie lang nicht gesehen hatte.

Kathinka Pettendorf wurde jeden Tag ein bißchen schwächer. Die Augen waren fast immer geschlossen, die spröden schmalen Lippen öffneten sich kaum einmal mehr, höchstens, wenn Annette die kleinen Tropfen abwischte, die aus den Mundwinkeln rannen.

Das liebe alte Gesicht war grau, ein warmer, aber kein unguter Menschengeruch lag im Raum, der aus dem Heulager stieg, um das sie gebeten hatte – wie seit je, nichts anderes wollte sie zur Ruhe haben als das weiche, gepolsterte Kissen mit dem trockenen Gras, und nichts anderes sehen als das liebe Fräulein, und nichts anderes mehr spüren als die Luft, die jetzt kühl, kalt zum Fenster hereinkam, die westfälische, die aus den Wiesen steigt und die blaugrünen Schatten trägt und die Stimmen aus den Mooren.

Kathinka wirft den Kopf hin und her, fiebrig glimmen die kleinen Augen, die sich kaum zeigen zwischen den geröteten Lidern.

Sie hustet. Sie stemmt sich im Kissen hoch und deutet und greift neben sich und sagt leise:

»Es ist gar nichts, Frölen, nichts mehr mit der Alten. Aber der gnädige Herr ist doch da, der hat seine Vögel und die vielen Blumen mitgebracht, und auch Nandeken ist bei ihm und ganz fröhlich.«

Annette hält schweigend die trockene heiße Hand.

»Weiß das Frölen noch, wie klein es war? Kaum anzusehen – ein Fläumchen, ein Mäuschen, ein kaum geschlüpftes Küken...«

»Ja, ja«, sagt Annette, »leg dich wieder hin, Kathinka, ich weiß ja...«

»Das wissen Sie nicht, Frölen Nette, was ich weiß – wie der gnädige Herr... aber das soll wohl keiner wissen...«

Annette nickt, das sieht die Schwerkranke nicht.

Annette wachte jede Nacht, tagsüber versuchte sie zu schlafen, wenn eine der Mägde am Bett saß, aber die Unruhe um die liebe Kranke ließ sie nicht zur Ruhe kommen. Schließlich hatte sie Fieber, die Kopfschmerzen wurden unerträglich, sie zitterte und fror.

Der Arzt, den Frau von Droste kommen ließ, verbot ihr die Wachen, Therese schalt und drängte, endlich ließ sie Annette für ein paar Wochen – so hieß es – nach Hülshoff holen.

Kathinka lag oft bewußtlos und glaubte »ihr Frölen« um sich, wenn sie mühsam die Augen einen Spalt öffnete. Ihr

165

Sohn war gestorben, ihre Kinder kümmerten sich kaum um die Alte, die doch das Glück hatte, im Schloß versorgt zu werden.

Eine Magd war bei ihr, als es zu Ende ging. Das Mädchen war treu und nicht ungeschickt, und daß Kathinka nichts mehr recht wahrnahm, half ihr.

»Es soll wohl das Letzte sein, Frölen«, wimmerte sie noch, und »Ihre Hand, Frölen!«

»Die Ölung!« sagt die junge Magd am Bett. Da fängt der Atem an, schwerer zu gehen, Kathinka röchelt, keucht, dreht sich mühsam zur Wand, als wollte sie ihren Anblick, den sie jetzt nicht mehr kontrollieren kann, den anderen ersparen – wie ein treues Tier, das sich zum Sterben verkriecht.

»Det soll woll det Letzte sin, Frölen«, wimmert sie, »und ich bitt', geben Sie mir die Hand.«

Sie fährt zitternd mit der Rechten auf der Bettdecke herum, das Mädchen streicht schließlich scheu über die trockenen heißen Fingerspitzen, daß sie ruhiger wird.

Therese hat den Kaplan bestellt, sie treten alle zur Seite und sehen aus dem Türspalt die Handlung.

Annette hat drüben in Hülshoff eins der vielen Kinder des Bruders auf dem Schoß, sie spürt plötzlich die jähe Benommenheit, die sie kennt, sie ist ohnehin mit allen Gedanken drüben im Rüschhaus, und jetzt sieht sie das Bett, die rotgewürfelten Kissen, das grauweiße, gute Gesicht mit offenem Mund – sie weiß, was jetzt ist: Die Segnungen, die den Engel rufen wollen, daß er die fliehende Seele begleite.

Sie setzt das kleine Mädchen auf den Fußboden und lehnt

sich zurück. Sie spricht vor sich hin, als ihren Segen: »Ei du frommer und getreuer Knecht, du bist über Wenigem getreu gewesen, ich will dich über Viel setzen. Gehe ein zu deines Herrn Freude!«

Sie sieht das geglättet-gelöste Gesicht in den Kissen, sie meint, der Mund wolle das Wort »Freude« nachsprechen – ach, sie ist nicht dort, wo sie sein sollte, sie kann ihr die guten Augen nicht schließen, vielleicht tut es die Mama doch, oder wenigstens die Magd.

Sie steht auf, das Kind ist ganz ruhig und schaut groß zu ihr auf, als sie das Fenster weit öffnet, aus dem ein sirrender Windton hereinweht, mit feinem knisterndem Kristall-schnee, den sie im Gesicht spürt. Wie das Streifen von Vogelflügeln, denkt sie, wie die Schwingen des Boten, der die Mutter hinüberträgt.

Mit Kathinka Pettendorf war Annettes Jugend, ihr Empfin-den für Heimat und Geborgenheit, sogar für die Familie, von ihr gegangen. Das Vernünftige überwog – würde auch in Zukunft überwiegen, so fürchtete sie, aber Kathinka und ihre Gegenwart im Rüschhaus war etwas von dem Weni-gen, was sie der Mutter abgetrotzt hatte, etwas, worüber Frau von Droste gelegentlich etwas maliziös gelächelt hatte: Kathinka hatte das Kind gerettet, es für lebenswert befunden, es mit ihrem eigenen Leben genährt.

Es war dann ein ziemlich stilles Begräbnis mit wenigen Teilnehmern, niemand kam von Hülshoff herüber oder von Bökendorf, nur Annette war da, sie stand am Grab; auch ein paar Dorfleute; Therese ging mit, wiewohl seufzend, die Mägde und der Stallknecht. Nachher gab es einige Räumereien im Haus, Annette übernahm das – lang unver-änderte – Zimmerchen der Alten.

# 10.
## Die bitterste Enttäuschung:
## Levin Schücking

*Annette. Daguerreotypie. Etwa 1845*

Die alternde Frau am See hat jetzt fast alle Stationen ihres Leidensweges mit Rast und Erquickung und mühsamem Aufraffen und Selbsttäuschungen – durchdacht und neu durchlitten. Es bleibt noch, sich von neuem dem Schlimmsten, gerade erst mühsam Überstandenen, noch nicht Vernarbten, auszusetzen: dem unverhofften, nie erwarteten und auch in keiner Andeutung erwähnten Schlag, der alles, was sie sich an freundlichen entschuldigenden Vorstellungen aufgebaut hatte, wie ein Blitz zerriß: dem Dokument von Levins ganzer Torheit.

Levin hat im Sommer 1846 ein dreibändiges Werk veröffentlicht und es »Die Ritterbürtigen« genannt; er hat, wohl gegen eine Kritik, die ihn als harmlos-gefälligen Damenschriftsteller charakterisierte, etwas Ironisch-Scharfes aufstellen wollen ... und da ist es ihm opportun erschienen, vor den demokratisch-liberalen Journalisten womöglich den freisinnigen Dichter zu agieren, mit allen Hieben, Ironien, Karikaturen, die ihm aus Annettes liebevoll-spöttischen Erzählungen zur Hand waren: Schrulligkeiten und kleine Verschrobenheiten, die sie ihm lächelnd und nachsichtig und manchmal in ihrer treffsicheren Spottlust geschildert hatte, aus der Welt des westfälischen Adels, aus ihrer Welt, aus der Sphäre der Wasserburgen und Teekränzchen und kleinen Klatschereien auch ...

Und er hatte daraus, ohne Erklärung und Entschuldigung –

er, der doch ihre Gedichte mit minutiöser Nörgelei zu korrigieren wagte –, ein banales und kitschiges Machwerk zusammengeschrieben, in dem Mord und Intrige und Falschheit und Dünkel und ein paar pathetische Sprüche sich breitmachten, ein Gebilde, das sicher den jubelnden Beifall seiner Frau und wahrscheinlich auch ein breites, bereites Publikum finden würde...

Das wurde Annette nach Rüschhaus von wohlmeinenden Freunden geschrieben mit der Bitte, das Machwerk zu lesen und – sich zu wehren.

Sie dachte nicht daran, sie schämte sich für Levin, sie sah die letzte Täuschung zerstört, die schonende Maske verworfen, sich bloßgestellt, wie ein angespieener Verräter, denn als der stand sie jetzt vor ihren Nächsten und vor ihrer ganzen, so mühsam zur Duldung und Langmut gewonnenen Gesellschaft da.

Was für hämische Klatschereien würden von Gut zu Gut kriechen, wo man ohnehin ihrer seltsamen Freundschaft scheeläugig zugesehen hatte – wie eifrig würde man nun die Partei nehmen, die Annettes Dichtungen skeptisch beurteilte, die Partei der Bornstedt und ihrer Freundinnen, die »gewiß geahnt« hatten, wie finster es im Herzen dieser selbstgefälligen Dame aussah...

Beschmutzt war sie, aber viel trauriger war die Enttäuschung über die Mißachtung, die aus diesem Streich sprach: Sie war Levin nicht einmal wichtig genug, daß er an ihre Empfindungen, an die Wirkung solcher Persiflage dachte!

Man grub noch weiter in ihrem verletzten Gemüt herum. Man legte ihr nahe, er habe bei dem Vorschlag des gemeinsamen Hauses, des Lebens à trois, mit ihrem baldigen Ende gerechnet und auf die Patenerbschaft für seinen kleinen Sohn gehofft.

Das war sicher unwahr, aber schon die Vermutung solcher Gedanken fiel wie ein Nachtvogel in ihre Empfindungen, ein tödlicher Schatten, der sie verstummen ließ. Sie »verstummte« wirklich.

Die Mama Therese hatte, nachdem der Skandal nicht mehr zu verbergen war, auf eine Reise an den Bodensee gedrängt.

Die Empörung verständnisloser Nachbarn aus den umliegenden Schlössern, die Erbitterung auch der Amtsleute und Geistlichen über ein so respektloses und »politisch anrüchiges« Machwerk wurde, auch wenn es niemand recht gelesen hatte, allmählich zu einem selbständigen, keuchenden, schleichenden Unwesen, das kaum mehr der Fakten bedurfte, um weiter anzuschwellen.

Annette wehrte sich noch immer nicht, sie schwieg weiter und gab damit augenscheinlich den Böswilligen Recht, die nur allzugern der überlegenen und seit je schwer verständlichen »Außenseiterin« einen heimtückischen »Dolchstoß« zutrauten.

Eine Reise jetzt, so weit? Bis an den See? Annette konnte sich zu keinem Entschluß, zu keiner Unternehmung aufraffen. Sie fürchtete sich auch vor den fragenden Blicken der süddeutschen Freunde und Verwandten, sie fürchtete das Gerede von der Flucht der Schuldigen und auch das Gehacke und Gezerre um Levin und seinen Namen ...

Schließlich fuhr Therese von Droste allein nach Meersburg zu Tochter und Enkelinnen. Annette blieb, zusammengekrümmt und -geknäuelt wie ein Häufchen Elend, in ihrer Sofaecke.

»Ach, lieb Lies«, heißt es da in einem Brief an Elise Rüdiger, »da war Rüschhaus gar kein liebes heimliches Winkelchen mehr, ich sah den ganzen Tag nur die niedrigen Balken meines Schlafzimmers, und außer dreimal am Tage sah keine Seele nach mir, da die Ernte im Gange war und auch die Köchin viel daran half; sonderlich nachmittags, wo sich das Gemüseaufwärmen und Sauermilchaufsetzen in einer Viertelstunde abmachen ließ, war von eins bis sieben das Haus ringsum verschlossen, ich mutterseelenallein darin, fiebernd und würgend. Bedurfte ich etwas Unvorhergesehenes, so mußte ich aus dem Bette klettern und mir selbst Rat schaffen, oder, wenn ich gerade im Fieberschweiß lag, geduldig aushalten bis zur Erlösungsstunde ... jetzt kam ich mir oft vor, wie ein armer Soldat, der sich auf dem Schlachtfelde verblutet.«

Sie zog dann nach Hülshoff, wurde dort liebevoll aufgenommen, litt aber in ihrem elenden Zustand unter der ruhelosen Kinderschar: Lauter kleine Hülshoffs krabbelten, brabbelten, schrien und stritten um sie herum, und wenn man sie auch zu schonen glaubte, erwartete die Schwägerin, die schon wieder »gesegneten Leibes« war, daß sich die Tante ein bißchen um das Gewusel kümmere – wenigstens an der Wiege des Jüngsten oder neben dem Laufstall des Zweijährigen sitzen bleibe, da man ihr doch eigentlich kein auffallendes Leidenszeichen ansah.

Und abends, wenn die robusten Quälgeister schliefen, sollte doch irgendeine Unterhaltung aufkommen, wollte der Bruder Werner einiges von seinen Sorgen loswerden oder die Schwägerin aus ihrer Wendt-Papenhausen'schen Jugend erzählen, da Annette sichtlich von der Bedeutung dieses reichen und großen Geschlechts nicht viel wußte.

174

Annette wich oft in den großen Park aus, aber sie blieb nicht lang allein, eines der kleinen wackeligen Geschöpfe kam ihr krähend oder singend – je nach Alter – nachgelaufen, oder Karoline, die Schwägerin, schickte jemand, der sie zurückrief – ein Regen komme auf, es sei gefährlich für die schwache Gesundheit der Schwägerin.

Annette entschloß sich endlich zur Reise nach dem Süden. Man bat und beschwor sie und stellte allerlei Bedenken vor sie hin – auch der Arzt war besorgt, aber endlich ließ sie sich nicht länger halten.

Vorher machte sie bei dem befreundeten Freiherrn von Bönnighausen in Münster eine homöopathische Kur, die zuerst gut anschlug, aber auf die Dauer nicht viel half.

Endlich bat man den Neffen Heinrich, sie zu begleiten, man reiste natürlich in Etappen, zunächst von Münster nach Bonn, und dort blieb Annette zwei Wochen bei der Witwe ihres Vetters, des Professors Clemens August von Droste-Hülshoff.

Nach und nach berichtete sie dort von der Reise: Die Schwägerin habe sie dem Schiffskondukteur »auf die Seele gebunden« – jeder erkannte die Bedürftigkeit dieser beherrschten Leidenden, die Matrosen versorgten ihr Gepäck, man brachte ihr Kissen und Decken, führte sie zum Pferdeomnibus, der sie zum nächsten Dampfboot brachte; in der Eisenbahn – denn dieses bedrohliche Vehikel ließ sich nicht umgehen – hatte sie ein Abteil für sich allein, ihre »männlichen Wartefrauen« sahen immer wieder nach ihr – sie fühlte sich in ihrer Bescheidenheit verwöhnt und besser versorgt als im Rüschhaus während der Ernte . . .

»In Freiburg«, erzählte sie, »fühlte ich mich so wohl, daß

ich darauf verzichtete, die Extrapost zu nehmen, und beschloß, mich dem Eilwagen anzuvertrauen.« So ging's nach Konstanz – bis Mitternacht hatte sie den Beiwagen für sich allein, aber dann, schrieb sie voll Humor, »mußte ich freilich in den allgemeinen Rumpelkasten voll schnarchender Männer und Frauensleute, die brummend und ächzend zusammenrückten, als ich mich einschob. Dann ging das Schnarchen wieder an...«

Sie konnte nicht schlafen in diesem heißen, übelriechenden Behältnis und merkte als Einzige, mit der Erfahrung der Landfrau, daß die Pferde fast zusammenbrachen und der Wagen »anfing, rückwärts zu rollen«. Sie nahm das sichtlich gelassen hin, es ging ihr wie manchen zartnervigen Naturen: Sobald sie allein auf sich gestellt sind, werden sie hellwach und kaltblütig und tun, wenn es wirklich einmal bedrohlich wird, rasch und genau das Richtige.

Diese Schüttelfahrt dauerte nicht lange, man kam bei Nacht in Konstanz an, der Neffe war schon im Rheinland zurückgeblieben.

Und dann begann eine kleine Tragödie das ganze Abenteuer zu krönen: In Meersburg regnete es, es war kalt und naß, und ihr Wagen wurde nicht durchs Tor gelassen. Sie mußte beim Gasthof »Zum Wilden Mann« aussteigen und zu Fuß weitergehen – weil man den Großherzog von Baden erwartete, der das Tor passieren sollte. –

So muß Annette keuchend und erschöpft die steilen Gassen hinaufstapfen, bis sie zur Burg kommt... jetzt hat sie die obere Stadt erreicht, steht vor dem Tor, und der Wächter ahnt nicht, wer draußen klopft und ist entgeistert vor Schreck und Scham, daß er das Fräulein, auf das seine Herrschaft schon lang wartet, leibhaftig vor sich hat. Und dann überschüttet man die Angekommene mit Jubel und besorgten Fragen; sie wird ins Bett gepackt...

An Elise schreibt sie: »Ich mußte gleich zu Bette und zwei Ärzte annehmen.«

Man stopfte sie mit Medizin voll, wahrscheinlich gab man ihr Herzmittel – aber sie erbrach alles wieder, ihre überreizten Nerven rächten sich für die übermäßige Anspannung, sie hatte Fieber und hustete.

Ein verständnisvoller Arzt setzte endlich alle Medizin ab, diagnostizierte Nervenschwäche und seelische Ursachen ihrer Leiden und empfahl Ruhe, angenehme Gedanken, freundliche Eindrücke, keinerlei Aufregung..

Diesmal hat man sie zu ebener Erde einquartiert, das sonnige helle Zimmer spiegelt das Oktoberlicht, der See scheint heiter hereinzuspielen. Es ist wie ein Divertimento, das man, das vor allem Annette nicht mehr erwartete, nach einem doch gequälten, schwierigen und nicht nur durch körperliche Leiden verdüsterten Leben, in dem der mühsam angebahnte Aufschwung, das zaghafte Innewerden des eigenen Wertes, durch die jämmerliche peinliche Demaskierung des Freundes jäh endete.

Levin konnte es nicht lassen, seine unwürdige Rolle vor sich und anderen, vor allem vor Luise, umso intensiver zu spielen, je mehr er fühlte, daß er sich Annette gegenüber ins Unrecht gesetzt hatte.

Und Annette erfuhr, noch kaum erholt und mit schwacher Hoffnung auf einen literarischen Erfolg, von seinen Artikeln in bekannten Zeitungen, mit denen er sie und ihre Arbeiten pedantisch kritisierte. »Ihre elegische Klage über die Zeit beweist im Grunde nichts anderes, als daß sie die Zeit mißversteht...«

Zeit? Annette stand über aller Zeit und verstand jede Zeit sub specie aeternitatis... aber Levin ruderte kräftig im Aktuellen.

Verständlich, wenn auch nicht sehr bewundernswert, daß er vor Luise deutlich von Annette abrückte, Kritik übte, sich als nur literarisch an ihr interessiert beweisen wollte.

Aber für Annettes labiles Selbstgefühl waren das jedesmal schmerzhafte Schläge. Es ließ sich selten ganz verbergen, was an Urteilen über ihre – allmählich bekannt werdenden – Gedichte in den Journalen kam, sie verschaffte sich mit zäher Hartnäckigkeit, was sie wissen wollte, und hoffte immer wieder auf Cotta, den Großen, der mit seinem seltenen, genialen Gespür für das echte Genie, für das Zukunftskräftige, ihr Gut und Erbe bewahren sollte, damit es – sie sagte es immer wieder – später gelesen würde...

Annette war einmal in der Bücherei auf Mesmers Schriften gestoßen, sie las sie rasch und eifrig, wie das ihre Art war: Der tierische Magnetismus war ihr seither immer ein bißchen suspekt erschienen, nahe beim Aberglauben.

Aber jetzt, wo sie die Hilflosigkeit der Medizin, zumal der allopathischen, an sich selbst erlebt hatte, war ihr die Lehre von den Ätherstrahlen, vom allgemeinen Fluidum, sehr interessant geworden.

Was sie selber aus der leibnahen Verbindung mit Pflanze und Tier, mit der Atmosphäre, mit Wetterschlag und Wolkenbildern hörte und spürte, roch und ertastete, schien ihr von je verwandt und mit eigener Stimme begabt: Wie die wehenden Bäume »sangen«, da doch jeder anders und unverkennbar ausdrucksvoll sich bog oder wiegte, wie die Birke ihren Blätterbehang mit einer sanften traurigen Melodik regte, die großblättrigen Eichen plumper, stärker, schwerfälliger redeten, wie Farben unnachahmlich und unbenennbar spielten, das meinte sie besser zu hören und zu verstehen als andere.

Mag sein, daß es das Wasser war, das sie gelehrt hatte, auf die ganz zarten und zärtlichen Nuancen zu achten, Wasser, das sie in seinen tausenderlei Formen immer wieder umgeben und begleitet hatte; das sie dort, wo sie herkam, wie das Fruchtwasser der mütterlichen Bergung im Dunkeln eingeschlossen, das nachher am Bodensee wie ein niedergesunkener Himmelsbogen vor ihren glücklichen Augen gefunkelt hatte, Wellen, Wogen, Untiefen und flache Strände, schwarze, grüne drohende Warnungen, die den Sturm ansagten, spitzengeränderte Urtiere, die sich überschlugen und verschlangen: zu Vernichtung, indem sie sich einsaugten und überwallten, zu Vereinigung, indem sie ineinander stürzten wie Liebende, ständig ihre Gestalt wandelnd, und preisgebend, was sie eben noch gewesen waren; und neu erschaffend, was sie nie hätten werden können ohne einen solchen Todestanz und Lebenstaumel. –

Das war freilich unverstehbar fremdes Gemurmel für alle anderen – für Levin vielleicht nicht, er hätte es fassen können und hatte es auch einmal, da sie ihn zu sich gezogen und verwandelt hatte, gefaßt. Aber jetzt, ohne sie, war er wohl nicht mehr dazu imstande.

Sie hatte geglaubt, er werde ihr helfen, das Unverständliche in eine Form zu bringen, das Unverstehbare in immer neuen Anläufen greif- und hörbar zu machen, aber es blieb ihr nur noch, wie der Muschel, mit der eigenen Substanz zu umschließen, was an Kränkendem, Störendem und Zerstörendem im Lauf ihres Lebens in sie gedrungen war.

# 11.
## Letzter Herbst
## auf der Meersburg

*Die alte Meersburg*

Jenny hatte zwar viel geschwisterliches Mitgefühl, aber wenig Zeit für Annette. Sie sorgte sich um den viel älteren Gatten, um den sie beständig in Angst war, um die heranwachsenden Zwillinge, die freilich keine schwachen, kränklichen Geschöpfe waren, wie so viele ihresgleichen; sie waren zwei nebeneinander kräftig entfaltete Keime gewesen, eins rothaarig und eins hellblond, und hatten sich alle Kraft und Vitalität, die ihnen nötig war, aus der unverbrauchten Mutter geholt.

Laßberg verlangte fast häufiger als die beiden nach seiner Frau, obwohl er immer wieder weltfern und verbissen in seine Forschungen versank und eine beinahe unübersehbare Korrespondenz führte, die Jenny mit rührender Geduld in Grenzen zu halten suchte. Seit dem Unfall war er schwer behindert und in seiner Lebensfreude gedämpft. Das war 1836 gewesen: Beim Dorf Altenau, nicht weit von Eppishausen, waren dem Kutscher die Pferde durchgegangen, es hieß, ein fremdes Tier – keiner hat's recht gesehen – habe sie erschreckt, der Kutscher sei geschleift worden, habe endlich die Zügel loslassen müssen, die tollen Gäule hätten ohne Richtung im Hinrasen den Wagen umgeworfen.

Annette, die sich mit im Wagen befand, war damals halb bewußtlos geborgen worden, aber Laßberg, der noch versucht hatte, abspringend die tolle Fahrt zu bremsen, war unter die Räder geraten, seine Beine waren schwer geprellt und entsetzlich gequetscht worden, so daß er weiterhin nur noch humpelnd am Stock hatte gehen können. So weit hatte es der Dr. Knabenhaus wenigstens gebracht – und Annette hatte mit hoher Achtung das krampfhafte Humpeln, die gepreßten Lippen, das gezwungene Lächeln des Schwagers beobachtet.

Unter Laßbergs Briefpartnern war der schwäbische Uhland, der – vor allem seiner Balladen wegen – fast ebenso bekannt wurde wie Goethe, und die Brüder Grimm, auch Freiligrath und Gustav Schwab.

Da las er abends aus »Des Knaben Wunderhorn«, aus dem großen Sammelwerk der Arnim und Brentano, oder – in der Originalsprache – aus »Der Nibelunge Not«, und Annette, die gelegentlich zuhörte, sah dabei Bilder und Umrisse im halbdunklen Kaminzimmer, als trügen die Gefolgsleute Siegfrieds Leiche auf dem Schild vorüber, den Lichtgott und hellen Helden, der jäh verdunkelt war, und manchmal zeigte ihr der Tote ein ganz leibhaftiges Ansehen, ein Gesicht, das er ihr zuwandte und das Levin gehörte. Dann schlich sie sich vorsichtig aus dem Raum und stieg in ihren Turm, und Jenny nickte dem Lesenden beruhigend zu: »Laß sie, so ist sie nun eben.«

Einmal ließ sich Annette überreden, an einem warmen hellen Herbsttag 1847 eine Fahrt nach der Birnau mitzumachen, da sie schon lange die Kirche des Peter Thumb noch einmal sehen wollte.

Da lag der See unter den Herankommenden, die ihren Wagen ein wenig weiter an der Straße warten ließen, und der See war das Unendliche selber, das doch nie zu fassen war in irgendeiner Gestalt.

Annette schauderte ein wenig, sie sah wohl, was noch auf sie wartete: Das Verlorensein und Eingehen in ein Unbekanntes, das sich ihr entgegenbreitete, so als wäre keine Atemluft mehr für sie und doch alle Flugfreiheit, alle Lösung, alle Erfüllung.

»Sprache«, wußte sie, »war, was ich gebrauchte und immer schärfer gezeichnet habe, als Eingrenzung dieses Unnennbaren. Form und Benennung und Einfangen des nicht Verstehbaren, denn das Überwältigende verträgt kein Lebender, es sei denn der Künstler, und der unter Opfern.«

»Die kosten nichts als seine Seele«, hatte sie einmal geschrieben.

> Die ihr beim frohen Mahle lacht,
> Euch eure Blumen zieht in Scherben,
> Und was an Gold euch zugedacht,
> Euch wohlbehaglich laßt vererben,
> Ihr starrt dem Dichter ins Gesicht,
> Verwundert, daß er Rosen bricht
> Von Disteln; aus dem Quell der Augen,
> Korall und Perle weiß zu saugen,
> Daß er den Blitz herniederlangt,
> Um seine Fackel zu entzünden.
> Im Wettertoben, wenn euch bangt,
> Den rechten Odem weiß zu finden,
> Ihr starrt ihn an mit halbem Neid,
> Den »Geisteskrösus seiner Zeit«.
> Und wißt es nicht, mit welchen Qualen,
> Er seine Schätze muß bezahlen.
> Wißt nicht, daß ihn, Verdammten gleich,
> Nur rinnend Feuer kann ernähren,

Nur der durchstürmten Wolke Reich
Den Lebensodem kann gewähren,
Daß, wo das Haupt ihr sinnend hängt,
Sich blutig ihm die Träne drängt,
Nur in des schärfsten Dornes Spalten,
Sich seine Blume kann entfalten.
Meint ihr, das Wetter zünde nicht?
Meint ihr, die Dornen stechen nicht?
Ja, eine Lamp' hat er entfacht,
Die nur das Blut *ihm* sieden macht,
Ja, Perlen fischt er und Juwele,
Die kosten nichts als seine Seele.

Und was die Menschen da auf der Bergnase von Birnau über dem Wasser gebaut und dem Verschwebenden abgerungen hatten, war die geballte Form, die blendend und geblendet vor dem Übermenschlichen einen Schutzwall aufstellte, damit es sie nicht erdrücke:

»Was sonst über die Betrachter hereinbräche, ist zum schönen Theater, zur gefällig geschlossenen Erscheinung gebändigt worden.

Ach, es bräche nie in aller Fülle über sie herein, dazu hat ihnen der Schöpfer die stumpfen Organe eingebaut, die bloß das Äußerliche wahrnehmen können.

Nur wir, nur ich Unglückliche, höre mehr und sehe mehr, und rieche und schmecke und taste mehr, beinahe alles, was Gott mir zuströmen läßt, unverstellt und ungemildert, und mit seiner ganzen Schärfe und seinem grellblendenden Glanz…«

Annette kam heim, man mußte sie langsam ins Haus zurückführen; betäubt und mit geblendeten Augen schleppte sie sich in ihr Zimmer – »als hätte ich das Bild von Sais erblickt...«, sagte sie verwirrt zu Jenny, die ihr half...

Die Mama war schon vor Wochen abgereist, die so lang bei den Laßberg'schen ausgehalten, die »süßen Enkeltöchter« gestreichelt und die immer stillere Annette mit freundlicher Duldung und versteckter Befremden beobachtet hatte: Wie lange würde ihr seltsamstes Kind dieses unnatürliche und ungesunde Leben noch durchhalten können? Kalte Speisen, allenfalls gewärmtes Gemüse, Wasser, kein Arzt – und immerfort dieser wiederkehrende Husten, die heisere Stimme, die hervorquellenden Augenbälle, feucht, drängend, als suchten sie angstvoll und flehend das Rätsel zu lösen, die immerwährende Frage: Wo ist Gott, was ist sein Wille?

Daß die Mama abreiste – sie wollte ihrem Rüschhaus nicht mehr länger fernbleiben –, war für Annette, als hätte ein überschwellendes, wildes und herrliches Bild seinen Rahmen verloren, als wäre für sie nun das Überwältigende zu nah gerückt und nicht mehr zu bändigen: Form, Haltung, Bewahrung vor dem Chthonischen – das war die Mama...

# 12.
# Das Ende
# einer Epoche

*Joseph Freiherr von Laßberg.*
*Zeichnung von L. Hohbach, 1846*

Draußen im Land drehten sich die Räder der Geschichte, schneller und wilder, unberechenbarer, als es dem jahrhundertlangen Rhythmus hier entsprach und den Menschen in ihren Adelssitzen zwischen ihren uralten Wassergräben und Schilfmooren verständlich war.

Als Annette noch im Rüschhaus war, hatten die Brüder, die Freunde, die Studenten Neues, Neuartiges und auch Unverständliches mitgebracht – nicht immer so moderat, wie man's hier gewohnt war und gern gehört hätte.
Die Jahrhundertmitte kündigte sich an, und aus den großen Städten des Reiches meldeten die Zeitungen Erstaunliches. Es war ja kaum dreißig Jahre her, daß der Theologiestudent und Burschenschaftler Sand den Staatsrat von Kotzebue erstochen hatte – einen Beauftragten Rußlands, der die geistigen Bewegungen in Deutschland beobachten und an den Zarenhof melden sollte. Er hatte Güter in Rußland und war – eine Groteske eigentlich – von dem Zaren Paul ein Jahr lang verschleppt und verbannt worden. Er schlug daraus literarisches Kapital, verfaßte ein Buch über »Das merkwürdigste Jahr meines Lebens« und brachte es unter die Leute – ein Stückeschreiber, den die Jahnischen Turnbrüder haßten und dem die Wartburgbündler als einem Feind des Vaterlandes den Tod angedroht hatten.
Und Burschenschaftler war auch der Annette gut bekannte

Daniel Ludwig Hassenpflug gewesen und hatte sich mit einem schweren bedrohlichen Schwert in der Hand malen lassen: Amalie, seine Schwester, war eng mit Annette befreundet gewesen.

Mit ihr und auch mit dem Bruder hatte sie in Rüschhaus noch immer gelegentlich über die blutige Tat Sands geredet und gestritten, als er längst hingerichtet und begraben war – ein fieberköpfiger Fanatiker, der Christus als Kronzeugen seines Mordes betrachtete. Freilich, er war ein Psychopath, aber die Wirkung, die er hatte und hinterließ, die Märtyrerkränze, die man ihm flocht, das alles war befremdlich und der westfälischen Art unvertraut.

Es gab manches, was aus dem mittleren oder südlichen Deutschland herüberwehte und die Wasserburgen beschlich oder befruchtete – auch Laßbergs Forschungen wirkten herein, wiewohl er in seiner Meersburg im südlichsten Zipfel Deutschlands saß. Er hatte Gäste, die auch einmal ins Westfälische reisten – die Grimmschen Brüder, Wilhelm und Jakob, und deren Malerbruder Ludwig, der Annette zeichnete, und ihre Schwester Lotte, die Frau Hassenpflugs.

Wo sich die starke romantische Strebung mit Novalis und Brentano und der Bettina von Arnim in leuchtenden Farben aus religiösen, nicht kirchlichen Antrieben verstärkt hatte, verblaßte sie allmählich, wurde verspielter, lässiger, und Annette ahnte wohl, daß ihr durchaus männlicher Realismus, ihre kühne, oft skeptische Sprache da lebensfähigere Zuströme eingebracht hätte, wäre sie nur näher an der Quelle, aktiver in Austausch und Umgang gewesen.

Levin hatte sich mitten in die Tagesliteratur gedrängt, er war ein vielgelesener und von sich und seinem Werk

überzeugter Schreiber und meinte, Annettes Desinter-
esse an jedem Augenblickserfolg verächtlich abtun zu
können. »Heute möchte ich nichts gelten, aber in hundert Jahren möchte ich wohl gelesen werden«, hatte sie
sinngemäß gesagt.

Bald würde alles anders aussehen – das Deutsche Reich
unter preußischer Führung, der Zollverein, die Eisenbahn, die ganz neue Wege für Handel und Beziehungen
der Leute schaffen würde – Annette hörte durch irgendeinen Besucher, daß der »idyllisch-verschlafene Lyriker«
Mörike einen Vers drucken ließ: »Ich freu mich auf die
Eisenbahn…«; komisch freilich, absurd, wie die liebe
Landschaft da vorbeiraste, wie alles nach Rauch stank, wie
kein brauner glänzender Pferderücken mehr vor einem
auf- und abschaukelte, und wie das Stampfen und mecha-
nische Rattern nicht nur da, auf den hartglänzenden fühl-
losen Geleisen sein Wesen hatte, sondern auch in Werkstätten und neu aufgekommenen Fabriken, und daß alles
rascher, müheloser, aber auch weniger zufällig, launen-
haft und spontan wurde; vielleicht gerechter, aber auch
unpersönlicher und ohne Wärme…

Mit den glatten Geleisen konnte man nicht reden wie mit
der Erde, die uneben und unbequem und schmutzsprit-
zend unter den Rädern war und Gras und Moos und
Blumenranken tragen konnte.

Seit dem Tod Kathinkas war es nun, als ob Annette die
Bindung an das Natürliche, Primitive, Heimatlich-Be-
grenzte verlorengegangen wäre, und sie empfand sich
manchmal wie ein flatternder Nachtfalter, der nicht mehr
zu dem Tropfen Wasser findet, an dem er bisher gesaugt
hat.

Sie hatte irgendetwas Instinkthaftes eingebüßt, und ihr Verstand ging nun schrittweise und folgerichtig mit aller Logik die Bahnen ab, die sich ihr aus Nachrichten, Büchern, Berichten zeigten.

Daß aber doch Ahnung sie führte und ihr die Richtung wies, ja eigentlich erzwang, die sie folgernd nachvollzog, spürte sie insgeheim.

Sie nahm sich vor, ihre unterdrückte, liebevoll verbrämte Kritik an ihrer Umgebung zu untersuchen, zu zerlegen, zu gliedern und einzuordnen, aber sie entdeckte dabei – so nüchtern und gerecht sie sein konnte – nicht nur Auswüchse und Unarten, sondern auch Verantwortung und Pflichtgefühl und ernste gequälte Einsicht.

Sie sagte sich, daß alles darauf ankommt, ob ein Mensch seine Bequemlichkeit oder seine Aufgabe sucht ... Einsatz und Verantwortung waren ihr und den Vorfahren selbstverständlich, und Unbeherrschtheit und Übergriff so zuwider wie das Verbrechen.

Sie hatte einmal eine Ballade »Kurt von Spiegel« geschrieben, der im Ärger über entgangene Jagdbeute einen Dachdecker erschießt und zum Tod durch Erschießen verurteilt wird:

»...doch sieben Schüsse, die knatterten hart...« – da ist keinerlei Degeneration in ihrem gesunden Gerechtigkeitssinn.

Sie hatte auch »Die Vergeltung« gedichtet – die Ballade vom ertränkten Kranken.

Darin wird das alte Motiv vom Mord am Wehrlosen in höchster Todesnot behandelt, wo doch nur das Opfer des eigenen Lebens noch menschenwürdig gewesen wäre: des eigenen Lebens, des eigenen Vorteils, des eigenen

Ruhms... das ist's, was Vertrauen verlangt und Freundes-treue.

Am herbsten, reifsten hatte sie sich mit diesen Fragen in der Novelle »Die Judenbuche« auseinandergesetzt. Das Thema, schuldig werden aus der Verkettung unseliger Herkunft und unglücklicher Lebensumstände ist wie ein Schlüssel zu der umgetriebenen Zeit, zum Wachwerden der Unterdrückten, der in grauem Schmutz Aufgewachten, und der schaurige magische Schwur der Juden für den Ermordeten ist ein Signum gegen die Ungerechtigkeit, ein Bannfluch, der den Mörder endlich in den Tod treibt...

Annette las jetzt viel über solche Fragen – sie suchte, bohrte, wühlte in verschollenen Geschichten, in *der* Geschichte, nicht nur in der Chronik des eigenen Geschlechts. Sie hatte das Gefühl dafür noch nicht verlo-ren, was ritterlicher Einsatz ist, was Würde, die auch dem besiegten Feind noch gelassen wird, was großes Gesetz, das in Hingabe und Einordnung die Ehrfurcht vor dem anderen, dem Ganzen kennt.

Sie begegnete in den Büchern, die sie sich besorgen ließ, Justinus Kerner, von dem die Grimms ihr erzählt hatten (er sprach sie an, weil er ihrem Vater so ähnlich war), sie fand zu dem Arzt Carus, der in einer Art von mystischer Schau den geistigen Aussagen gemalter Gesichter nachspürte, gemalt von den frühen Italienern, dem Filippo Lippi und dem späteren Botticelli, und der meinte, die Augenstellung und Augengröße und Pupillenform seien vom Tier zum menschlichen Embryo und endlich zum Erwachsenen sich steigernde geistige Formen, Pforten der Seele.

Annette betrachtete ihr eigenen großen drängenden Augenbälle, die hellblauen, durchsichtigen, geheimnisvollen Seheraugen, gemacht, um das Unverständliche zu durchdringen.

Der Arzt nannte sie Basedow-Augen, aber wo fand sie die Grenze zwischen den Fähigkeiten der Hellsichtigkeit, die die Krankheit ihr schenkte, und den Verzerrungen durch das Leiden?

Novalis, das wußte sie, hatte alle Krankheit als Voraussetzung für die Gottesnähe benannt, und Angelus Silesius hatte Leiden »das schnellste Pferd« genannt, »so uns trägt zur Vollkommenheit.«

Manchmal komponierte sie wieder, sang zum Spinett, verwob lyrische Rhythmen mit einer Melodie...

Vielleicht hätte Kathinka, die Bäuerin, sie zurückgeholt aus dem Unwirklichen und Außermenschlichen, denn jetzt geschah es ihr manchmal, daß sie schlaflos lag und plötzlich das ganz dunkle Zimmer grell ausgeleuchtet sah, jeden Gegenstand erkannte und die Perspektive der Möbel seltsam verschoben erlebte.

Aber solche Überspannung bezahlte sie mit rasenden Kopfschmerzen, mit Schwindel, mit Sehstörungen.

Vielleicht hätte Levin sie verstanden, sie vorsichtig losgelöst und heilend geklärt? – Sie dachte es in der schlimmsten Bedrängnis, sie hoffte wieder auf seine Nähe oder doch wenigstens eine Nachricht.

Aber Levin schwieg und Luise schwieg auch, und wenn jemand wie Annette in die Ferne spüren und tasten konnte, dann mußte er die wortlose Sprache dieses Schweigens empfinden: bei Levin verlegenes Ungeschick, bei Luise boshafte Verweigerung. Und wenn ein Brief gekommen wäre: hätte er wirklich geholfen? Vor nicht langer Zeit, als Annette in Rüschhaus krank lag, kam ein nichtssagender

Briefgruß von Levin und eine halbe beigeschlossene Seite von Luise – sie erwarte ein Kind, natürlich müsse es ein Sohn sein, der Doktor habe eine Theorie, daß der stärker Liebende das Geschlecht des Kindes bestimme – und sie liebe doch Levin so sehr, aber sie werde vielleicht noch heißer geliebt ...

Die raffinierte Kränkung, die alberne Übertreibung und Angeberei mußte die Kranke verletzen und sollte es auch tun.

Wäre es jetzt anders gewesen?

Annette fühlte sich jeden Morgen wie benommen, jeden Abend fieberte sie; es war das alte Leiden, Husten, Übererregung, Schwäche, Mattigkeit und schnelle, unberechenbare ursachlose Beschwingtheit, Phantasien, Visionen.

Der Arzt gab Beruhigendes, Baldrian und stärkere Drogen, die sie in eine Art Halbwachheit versenkten, aus der sie mit bleischweren Gliedern aufwachte.

Sie aß wenig, Jenny war tief besorgt, ließ keine Besucher zu ihr.

Annette fiel in einen Dämmerzustand, in eine Schwäche, die ihr jeden klaren Gedanken vertrieb; sie lag in ihrem Stübchen und spielte mit den Händen, verschränkte die Finger und sah den Vater vor sich, wie man ihn damals gefunden hatte, lächelnd, mit halboffenen Augen, die Pupillen nach oben gedreht, halb unter den langen Wimpern, und irgend etwas krampfhaft in der Hand – die Mama war dann hereingestürmt, alles überblickend, und hatte Annette vertrieben – Annette sah noch, daß Therese die verkrampfte Rechte des Toten aufzubrechen versuchte.

Nachher lag er mit gefalteten Händen und geschlossenen Lidern, wie es ihm gebührte und wie es die Sitte verlangte,

und nicht einmal die Wölbung der Finger ließ noch vermu-
ten, daß sie etwas umschlossen hatten.

Sie sah auch Kathinka, die ruhig und kindlich lächelte, sie
sah sogar Straube, der sie lang und eindringlich anstarrte,
und Bruder Nandeken, Ferdinand, der so früh hatte gehen
müssen.

Noch einmal trat das »Chaos« von außen an Annette heran,
in Form sich überstürzender politischer Ereignisse. Die
lärmende Rebellion schien sich gestaltlos und unkontrol-
liert in tobenden Gewitterstößen Luft zu machen, hier und
dort aus immer noch mehr Brandherden flackerte die lang
verhaltene Glut auf, stets näher kam die zuckende Unruhe
an die bisher kaum angefochtenen Herrensitze heran,
immer deutlicher wurden die Forderungen, die als Manife-
ste und Kundgebungen in die Meersburg drangen, die nun
einmal, ohne weitere Unterscheidung, ein Haus der
bekämpften, unlauteren tyrannischen Klasse geheißen
wurde.

Die Einheimischen nannten den alten Laßberg einen guten,
harmlosen Herrn und seine wenig verstandene Gelehrsamkeit eine unverfängliche Schrulle. Die Frau und die
Mädelchen hatten niemand bedrückt oder ausgenützt, und
die verschrobene Verwandte, die da in ihrer Turmecke saß
und irgend etwas zusammenschrieb, schadete auch nichts.
Aber es ging wie eine schwelende Dunstwolke übers Land,
überall riefen die Feuergeister mit lodernden Augen zum
Kampf. Es waren die Menschenrechte, reinere Lebensluft,
eine freie oder wenigstens freiere Presse, die man sich
erhoffte, und wenn auch die Masse oft nicht genau wußte,
was »Preßfreiheit« bedeuten sollte, den Druck, die Not,

den Hunger erlebten alle, und das gemeinsame Anliegen zündete von einer Gruppe zur anderen, oft ohne sich genau artikulieren zu können.

In Westfalen, das hörte man, war geschossen worden, auf einem Gut in der Nähe einer kleinen Stadt hatten die Dienstmädchen den Kindern die schwarzrotgoldenen Schleifen angesteckt, während der Hausherr als »königstreu« galt, und ein Erschossener mit zerschmettertem Schädel tagelang auf dem Rathausplatz liegen blieb.

Meersburg wurde von der Unruhe erfaßt, obwohl die Weinbauern selbständiger waren als die Kleinarbeiter und Gewerbetreibenden.

Im April 1848 drangen denn auch wirklich die langgefürchteten Trupps gegen die Meersburg vor, in der Laßberg einigen Bauern aus der Umgebung Zuflucht gewährt hatte.

Der alte Laßberg blieb freilich gelassen und trat, mit seinen wehenden schlohweißen Haaren unter dem Käppchen, allein aus dem Tor, hinter dem er seine paar Leute warten ließ:

Was sie wollten, fragte er die Andrängenden, und da sie gerade *ihm* keinen genauen Vorwurf machen konnten, auch keine redegeübten Männer waren, zogen sie sich, uneins untereinander, in kleinen Gruppen zurück.

Die nie eroberte Meersburg habe auch diesmal standgehalten, verkündete er stolz und mit einiger Verachtung für die »landfremden Gesellen« ...

Tiefere Ursachen, wie man so sagte, sah er freilich nicht ...

Daß er und die zitternden Frauen beinah mit so vielen wirklich Schuldigen im Lande hätten leiden müssen, daß die Flüchtlinge, die er – kühn genug – in seinen festen Mauern aufgenommen hatte, mit zu den Opfern gezählt hätten, als ein jahrhundertelang wachsender Haß, von brutalen und ungerechten Grundherren genährt, endlich zum Ausbruch kam; daß eine neue, technisch bestimmte Zeit, die Maschinen und Schienen und Chemikalien und Dynamit heraufführte, und die Menschenkraft, seit Jahrtausenden unentbehrlich, an fühllose Instrumente abgab, Gewichte verschob, neue Ansprüche schuf, neue Verfassungen verlangte, wo bisher ursprüngliche Traditionen und Verpflichtungen gegolten hatten, die im Vertrauen auf die ritterliche Gesinnung der Grundherren eingehalten worden waren; das alles drang erst allmählich ins Empfinden und in die Überlegung: Laßbergs Epoche war zu Ende, seine noble Haltung sinnlos, seine vergangenheitsgläubigen Forschungen ohne jede Wirkung. – Annette sah ihn an, sie wußte plötzlich, daß er ein Relikt der Vergangenheit, ein schönes trauriges Denkmal war, so tätig er auch in seiner Zeit gewesen, so aktiv er beim Wiener Kongreß bei vielerlei Disputen und Debatten mitgetan hatte.

Da dichtete Ferdinand Freiligrath, den der schwäbische Kerner wie die Brüder Grimm und die Freunde der Droste und Laßbergs kannten, die Lieder der neuen Freiheit, die freilich nicht einer Verbesserung und Erneuerung, sondern der Zerstörung und Vernichtung das Wort redeten: Der Staat, »die vermorschte Galeere«, und »der Kirche scheinheilige Yacht« – beides in eine gleichnishafte Schiffsballade verpackt; da zeichnete er in einem eindrucksvollen Bild den rußgeschwärzten Maschinisten, der den Schiffskessel feuert, während auf Deck die Fürsten »die frische Luft, der Berge freies Wehn« schlürfen. Freiligraths Lieder waren fanatische Kampfrufe, ohne

abwägende, aufbauende Gedanken, und – was ihre dichterische Qualität anging, oft genug banale Wortreimereien.
Aber Fanatismus zündet, vor allem, wenn wirklich Zunder
genug aufgehäuft ist. Annette hatte die Lieder zum Teil
kennengelernt, sie waren ihr zu derb, zu primitiv, zu
unmotiviert, nicht um ihres Inhaltes willen, aber wegen
des haltlosen Extremismus, der planlos alles Bestehende
verwarf und anklagte.

> Schlagt die Knechte, schlagt die Söldner,
> schlagt den allerhöchsten Toren,
> der sich diese freie Presse
> selber auf den Hals beschworen!

Levin Schücking, der jener alten langgewachsenen Kultur
seine Bildung verdankte und alles, was ihn zum Schrift-
steller machte, dem Umkreis der Annette schuldete,
schwamm munter im Strom der Epoche, um aufzusteigen.
Er kam sich »modern« vor und spottete instinktlos über
die alte Zeit. Er sah zwar, was am alten »System« verkalkt,
verknöchert, verschroben war und die Unwürdigen
schützte, die sich Übergriffe herausnahmen, aber er ach-
tete nicht auf die wahrhaft Noblen, die wußten, was sie
verantworten konnten, und sich, zumal im frommen Westfalen, gleichsam als Beauftragte Gottes und seinem Urteil
verpflichtet fühlten.
Edelleute im eigentlichen Sinn waren sie, die dem Stand
den Namen gaben.
Doch was da aufgebrochen war, schlug übers Ziel und
suchte nicht Besserung, sondern Vernichtung.
Das alles empfand Annette, sie verstand das Berechtigte

der Proteste, sie kannte die ärmlichen Hütten, die gedrückten Existenzen, die verkümmerten Kinder.

Wie solche hoffnungslose Atmosphäre alle großen Keime niederhielt, das hatte sie in der »Judenbuche« gezeichnet. Ohne irgendeine unfaire Polemik sah sie – ihrem »konkreten Blick« folgend – auch die Lage der Juden in ihrer Heimat, und fügte deren Gestalten in das Bild völlig ein, das sie in »Bei uns zulande auf dem Lande« andeutete.

Levin hatte auch in dieser Hinsicht überzogen und ironisch mit schrillen Tönen polemisiert, wie er es bei der Darstellung des Adels getan hatte. Ein wenig Neid, ein bißchen Minderwertigkeitsgefühl mochte ihm auch dabei mit untergelaufen sein, und viel rationale Skepsis Annettes Gläubigkeit gegenüber, die er für Kirchenhörigkeit hielt.

Ach, Annette spürte das »Seufzen der Kreatur« aus den ärmlichen Geschöpfen, die den Schloßherren anvertraut waren, so stark wie das Stöhnen der Sprachlosen, Pflanze und Tier.

Sie war zu nüchtern, um sich in tränensüßes Mitleiden zu verlieren. Sie suchte Erklärungen, Lösungen, Wandlungen. Aber sie scheute vor dem Gewaltsamen, es sollte sich aus Einsicht, aus Achtung vor dem Gegebenen, dem Vorgefundenen, organisch entwickeln, was neu werden mußte.

Dies hier, was da heraufkam, Folge der allzu begeistert empfangenen Kenntnisse der äußeren Welt, der allzu hochgeschätzten Erfindungen, Resultate des Verstandes, der Technik – das alles war ihr unheimlich und erschien ihr als männliche Hybris, die da immer weiter experimentierte, wo sie bescheiden angefangen hatte, bis sie das Ergebnis nicht mehr voraussehen und beherrschen konnte; – sie beobachtete auch die berauschte Begeisterung über die neuen Entdeckungen mit der besorgten Skepsis ihrer fraulichen Eingebundenheit in alles Kreatürliche, und sah doch ein, daß etwas kommen mußte, um den Geplagten Erleichterung, den Forschenden eine Hilfe zu sein – nur das Wilde, Unkontrollierte, was da heranbrauste, erschreckte sie... Vielleicht war sie mehr der »geprägten Form« verpflichtet als dem, was sich daraus »lebend entwickelt« – nach dem geliebten, oft bedachten Wort des alten Goethe.

Aber gerechterweise hörte sie aufmerksam, was über die jungen Ansätze und Umtriebe, die Entwicklungen, die sich doch vielleicht da anbahnten, berichtet wurde.

Laßberg hatte, aufgewühlt von den Ereignissen am jenseitigen Bodenseeufer, den Kantonskämpfen drüben, und auch dem Wiener Aufruhr, von dem die Journale berichteten, nach Ursachen solchen »Massenwahnsinns« gespürt und einen Gewährsmann gefunden, der über die Kämpfe in Berlin aus eigenem Erleben erzählte.

Es war ein junger Jurastudent, Görres-Schüler, der Grüße von Uhland brachte.

Uhlands Einfluß wuchs auch in der politischen Landschaft, weit über die Beliebtheit hinaus, die er durch seine Balladen und Lieder genoß.

Auch auf dem politischen Sektor hatte Laßberg vielerlei Berührungspunkte mit ihm. Auch er verwarf das Erbkaisertum und lehnte das protestantische Preußen, vollends seine militaristische Ausprägung, ab.

Der junge Görres-Schüler, den man auf der Meersburg gastlich aufgenommen hatte, war ein gescheiter und nachdenklicher Mensch, keiner von denen, die an eine einseitige Schuldlegende glaubten.

Was der kranken Annette ahnungsvoll aufging, bekräftigte

er, der die Veränderungen durch das Industriezeitalter, wie man es neuerdings nannte, für die Unruhen verantwortlich machte.

Die Arbeiter, abhängig von wenigen ortsansässigen Fabriken, wurden oft nach Gutdünken bezahlt, Kinder mußten mitarbeiten, die Wohnungen waren ungesund, und selten wurden solche Verhältnisse kontrolliert.

Es gab Seuchen und Hunger, und manche Fabrikanten ließen die gefertigten Waren, die sie nicht absetzen konnten, von ihren Arbeitern zurückkaufen. Sie mußten sie dann mit Verlust weiterverkaufen, da sie selbst nichts damit anfangen konnten. Das alles erregte Zorn und schließlich Verzweiflung bei den Ausgebeuteten.

Es gab Straßenmärsche, Plünderungen, Zerstörung, und das Militär, das auf königlichen Befehl aufgeboten wurde, ging mit Schüssen gegen die unbewaffnete Menge vor. Die Schuldigen, die sich am Elend ihrer Leute bereichert hatten, zogen sich meist zurück, ohne Schaden zu nehmen. Daß es landfremde Hetzer gab, leugnete niemand, aber das waren wenige.

Nachher, als das Militär, dem zunächst das Schießen verboten gewesen war, unterlag, wurde der König gezwungen, die Leichen der gefallenen Barrikadenkämpfer im Schloßhof zu ehren und die schwarzrotgoldene Kokarde anzulegen – ein König, der den Ständestaat durchsetzen wollte und von der Heiligkeit seiner Krone mit starrer Naivität überzeugt war...

Von Vergehen der Bereicherung und Unterdrückung war Laßberg freilich frei, und von den Zuständen in Fabriken und größeren Werkstätten wußte er wenig.

Wer ihm unterstand, war Bauer, Weingärtner, Forstmann,

und in solchem Umkreis waren immerhin gesündere Verhältnisse.

Aber auch er erkannte jetzt allmählich, daß die gläubigen Zeiten, in denen eine Herrenstellung als gottgegeben und gottgewollt, der Herrscher auf dem Thron als ein Vertreter Gottes schaltete, der Erbadel als geheiligt und eo ipso privilegiert galt, daß solche Zeiten vorüber waren, seit eben die Technik den begabten Ingenieur, der keineswegs von Adel sein mußte, als Planer und Leiter eingeführt hatte. Der Adel, der neben vielerlei Studien und Begabungen seine Aufgabe und seinen Erwerb vor allem der Landwirtschaft verdankte, mußte in Zukunft eine durchaus bescheidenere Rolle spielen, es sei denn, er wirkte in der hohen Diplomatie oder im Heer.

Der Aufwand für das Militär, für eine teure Hofhaltung und für »kulturelle Güter«, die manchmal einfach dem Dekor der Herrschenden dienten, stand in krassem Gegensatz zum Elend vieler Arbeiter und Instleute.

In Berlin, berichtete der Student, wirkte der Pariser Aufstand Ende Februar 1848 als Antrieb: Paris freilich suchte eine sozialistisch-republikanische Regierung, die entsprechende Neuerungen anstrebte; dagegen wolle man in Deutschland eine konstitutionelle und halte durchaus am Königtum fest...

Der König, Friedrich Wilhelm IV., meinte Laßberg, sei ein schwankes Rohr, krank, sentimental, in seinen Erlassen pathetisch und überschwenglich, und mache keine gute Figur als Regent in solchen unruhigen Zeiten des Umbruchs und Übergangs.

Man rede auch davon, daß sein Bruder Wilhelm der bessere König wäre – aber der sei strammer, schärfer, ein

Kartätschenprinz, wie man in Berlin gesagt habe; es sei dort im Frühjahr reichlich böse zugegangen.

Man habe nach Paris geschaut, wo der Thron Louis Philippes öffentlich verbrannt worden sei.

Seine Flucht habe als ein Fanal gewirkt, und da in Wien auch der allmächtige Metternich sich nicht mehr habe halten können, König Ludwig in München geflohen und seine Geliebte, die dämonisch-schöne Lola Montez, heimlich in Sicherheit gebracht habe, sei eben die Idee, das Ideal des Königtums, unglaubwürdig geworden, verbraucht, verraucht.

Die Männer debattierten, manchmal hörte Jenny zu, aber die Unruhe um die zarte Schwester trieb sie oft genug wieder in Annettes Zimmer.

# 13.
# Krankheit
# und Tod

*Das Grab der Droste auf dem alten Friedhof zu Meersburg*

Es wurde wärmer, frühlingsheller, auf dem See jagten sich die weißen Segel, in Jennys Garten blühten Tulpen, im Brunnen schnalzten die kleinen Fische und im See die großen, und der frühe Goldregen hängte gelbe, schimmernde Trauben über die Mauer.

Mitunter schauerte ein plötzlicher Regenguß aus flatternden Wolkenschiffen, dann stürmte der See, bleigrau und giftgrün und mit gezackten weißgesäumten Wellen; am Ufer schaukelten die angebundenen Boote wie ungebärdige Hunde an ihrer Leine.

An solchen Tagen, ehe noch der alles versteckende Regen wie eine silbern durchwirkte graue Decke niederging, sah Annette die Berge ganz klar: Schneegipfel, die täuschend nah vor ihr waren, das Weiß ihrer obersten Region grell angeleuchtet, im Anstieg blaue, graue, türkis glitzernde Flächen, und im auf- und abwogenden Licht aus den treibenden Regenbögen rosige Striche und Streifen, bis die herrliche Kulisse wieder im einsetzenden Regenflor verschwand.

Das anbrandende Wasser redete, klatschend und spritzend, mit ewig wiederkommender Gelassenheit, manchmal wilder, dunkler vor Bewegtheit, als wäre es voll Zorn.

Weit draußen, vom bengalisch grünen Himmelsstreifen abgehoben, kämpfte ein Boot, ein ziemlich schmales leichtes Fahrzeug, das sich in den rollenden Wassern bewegte, als sei es in die graue, schwarze, blaufunkelnde Raserei eingewachsen und könne nicht verloren gehen.

Annette saß unter dem Sonnenschirm vor dem niedrigen Mäuerchen in Jennys Garten, in ein Tuch gewickelt wie eine Falterpuppe, um das schmale weiße Gesicht ein Schleierchen, und starrte verloren und gebannt über den See hin: »Wie ganz anders bist du als das schweigsame dunkelbraune Gebild', das wie eine leblose, quälende, drohende Umschlingung an den Hülshoff-Mauern herumleckte!

Dort hielten sich die Algen, die Unken, die schlingernden Wasserfäden, versunkene Äste und Sumpfgras und weiße, winzige Moosblumen...

Da schwiegen sie, die einmal dort ertrunken waren und wiederkehrten, da schwiegen die Schiffe und die Zungen der Seerosen, die selten inmitten aufgingen.

Da verfingen sich meine Augen, ganz unhaltbar und ganz schwer gebunden und kamen nicht mehr los...«

Hülshoff, Rüschhaus – davon kam sie wahrhaftig nicht mehr los: Dort war sie geboren und aufgewachsen, dort war Nandeken, der blütenjunge, durchscheinend-schwache Schatten, und winkte, und ganz fern winkte auch Straube, der lebenstolle, wie »eine Sonne, die entzückt und blendet...«, aber auch die schon hinuntergegangen und nur noch ein Widerschein, obwohl er dort irgendwo in einer Stadt, deren Namen sie mied, lebte und arbeitete; er habe, sagte man ihr kürzlich, eine Haarlocke, die sie ihm damals gegeben, aufbewahrt und nie verloren.

Annette sah draußen auf dem See in dem grellen Sonnenblitz, der wie aus einem Kulissenspalt zuckte, das kleine Boot schaukeln in den rüttelnden Wogenstößen,

verschwunden und wieder aufgetaucht mit zäher Festig-
keit.

Ein Windwirbel, unverhofft hereinbrechend, faßte ihr Tuch
und riß es von ihrem Haar.

Sie griff danach, aber es flatterte flutend davon, ausgebrei-
tet wie ein grauweißer Flügel, hoch hinauf und gleich
danach vom raschen klatschenden Regenschauer durch-
tränkt, und schwer sinkend wie ein lahmer Vogel, herunter-
gedrückt auf die Wasserwüste, und verwirbelt, verschlun-
gen, verschluckt ...

Annette sprang auf und preßte sich an die Mauer, und ihre
Haare schlugen ihr ins Gesicht, daß sie nicht mehr recht
sehen konnte – nicht mehr das versinkende Tuch und nicht
mehr das Boot, das draußen eben noch tanzend umgegan-
gen war wie ein kaum irdisches Flügelwesen – ein Boot, das
wie Charons Nachen die bleigrauen Wasser befahren und
vielleicht einen Schatten hinübergetragen hatte, einen, der
sie nahe anging und der sie rief?

Sie lief schwankend ins Haus zurück, während Jenny vor-
wurfsvoll jammerte.

Und als sie danach ein paar Tage wieder in ihren Fieberschauern untertauchte, war das Flügelboot als Vision wieder da, sich neigend und wippend, und der darin saß, hatte
das schwellend-weiche Knabengesicht Levins, wie es
damals gewesen war, als er ihr Pferdchen und ihr Schulte
war und sie sein Mütterchen, sein angebetetes ...

Jenny brachte ihr einen weißen Fliederzweig ans Bett und
stellte ihn in eine blaue Fayencevase. Das Licht verfing sich
zuckend in der höchsten der weißen Dolden, die genau in
einem Sonnenstreifen stand.

Annette hörte einen stolpernden stockenden Schritt auf

ihrer Treppe und wußte, daß es Laßberg war, der sie besuchen kam.

Ein bißchen Angst hatte sie davor, seine schrulligen Meinungen zu hören, die kleinen scharfen Augen kritisch auf sich gerichtet zu sehen, während sie, eben aufgestanden, im Sessel lehnte, trotz der Fiebernacht seltsam frisch aufgewacht, als hätten Fieber und Schweiß etwas Ungutes ausgeglüht und weggeschwemmt.

Laßberg klopfte.

Er murmelte einen Gruß und entschuldigte sich wegen der Störung, und auch, daß Jenny nicht mitkomme, sie habe mit den Kindern zu tun, die beide Leibweh hätten, wie das bei Kindern vorkomme und wahrscheinlich die Folge von zu vielem Kuchen sei, den sie bei einem Fest in der Nachbarschaft gegessen hätten. –

Er sprach im normalen Dialekt, ein wenig schweizerisch gefärbt, und sie bemerkte lächelnd, daß er diesmal ihr zulieb von seinem geliebten und geübten Mittelhochdeutsch gelassen hatte, das ihm die Bewunderung der Gelehrten und den leisen Spott der Ungelehrten eintrug, zu denen sie sich auch zählte.

Nach der fälligen Frage, wie es ihr gehe, tadelte er die Düfte des Flieders, den Jenny, »die poetische Seele«, da hingestellt hatte.

Das sei zu stark für schwache Nerven und ungesund für Fieberkranke, zumal wenn sichtlich die Atemorgane angegriffen und die Lunge schwach sei.

Sie sei ja fast eine Woche lang gelegen mit ihrem Fieber, sagte er, und man hätte schon große Sorge um sie gehabt, auch der Doktor, den sie wohl gar nicht wahrgenommen habe in ihren Phantasien.

212

Den hatte sie wirklich nicht erkannt, und ihre Empfindungen von glühenden Kreisen und Eisfeldern waren ihr eher erinnerlich als der feierlich gemessene Mann, der gewöhnlich in einem grauen Havelock an ihrem Bett saß.

Laßberg war wieder gegangen, und Annette blickte auf den geklärten, reingefegten See vor dem Fenster. Die glänzende Wasserfläche brachte ihr einen halbversunkenen Vers aus dem »Geistlichen Jahr« in den Sinn:

Du, der gesprochen: »Fürcht' dich nicht!«
So laß mich denn vertrau'n auf deine Hand
Und nicht ermüden.
Ja, auf dein Wort, mein Hoffnungslicht,
Will werfen ich das Netz; ach, steigt ans Land
Die Perle endlich dann und bringt mir Frieden!

Es wurde ihr immer verständlicher, daß die Perle, der Gottesauftrag, nur mit dem Opfer der eigenen Substanz zustandekommen sollte: Unter Not und Qualen gibt das verletzte Muschelwesen die eigene Lebenskraft preis, damit sich, unbewußt freilich, das schimmernde Kunstwerk bilde ...

Hätte ich das Beste aus mir heraufholen können, ohne den Kummer – ja, den Kummer um Levins Versagen?

Und könnte die Muschel so, als durchflutetes mitströmendes Wassergeschöpf leben, ohne umgebendes Element, ohne das wogende, durchwühlte, ohne das unergründliche Element Wasser? Nur so konnte doch auch in mir geboren werden, was ich gebären sollte und – wollte, beides; auch ich brauche den Strom des Lebens um mich herum, der mich aufbaut und auszehrt und jetzt auflösen wird in eine neue andere Form, in eine immer größere Wandlung, so wie es selbst, das Wasser, sich beständig verwandelt?

Zwischen den Gedankenketten, die sie flocht und spann wie Blumenranken, schlummerte Annette und sah freundliche Bilder. Sie schlief jetzt viel. Es war, als fließe, mählich sanft, ihre Energie aus ihr, als möchte sie nur noch ruhend und ganz passiv sein, ohne Antrieb, sie, die voll von Aktivität und Sprühkraft gewesen war – ein hingegebenes, ein kaum mehr bewußtes, ein pflanzenhaft atmendes Geschöpf.

Levin hatte einen Sohn. Annette stellte sich in ihren halbwachen Augenblicken das kleine Geschöpf vor, es mußte ihm gleichen, freilich auch der Gall, die mit großen, etwas schräg blickenden Augen halb verlegen und halb verschlagen geschaut hatte, mit wunderschönen Augen übrigens, die feucht und gefühlvoll waren – ach, Annette machte sich Vorwürfe, Luise nicht ganz verstanden und Levins törichtes Gerede von ihrer spöttischen Kritik an dem »Mütterchen« ernst genommen zu haben...: Sie hatte ein Kind, ein lebendiges, lustig krähendes, rundes rosiges Wesen, aus sich geboren, aus Levins Samen, aus ihrer beider Lebenskraft.

Annette hatte nur Papiergeschöpfe, nur geistige Formungen, nur Anrufe und Gebete geboren – war's mehr?

Im Nachsinnen empfand sie eine schwesterliche Übereinstimmung mit Luise, der ganz anderen, und schrieb aus ihrem liebevollen Herzen:

> Und der Moment, wo eine Rechte schwimmt
> Ob teurem Haupte mit bewegtem Segen,
> Wo sie das Herz vom eigenen Herzen nimmt,
> Um freudig an das fremde es zu legen;

Hast du ihn je erlebt und standest dann,
Die Arme still und freundlich eingeschlagen,
Selig berechnend, welche Früchte kann,
Wie liebliche, das neue Bündnis tragen?

Dann bist du glücklich, bist geliebt und reich,
Ein Fels, an dem sich alle Blitze spalten;
Dann mag dein Kranz verwelken, mögen bleich
Krankheit und Alter dir die Stirne falten:
Dann bist der Mittelpunkt du deiner Welt,
Der Kreis, aus dem die Freudenstrahlen quillen,
Und was so frisch der Bäche Ufer schwellt,
Wie sollte seinen Born es nicht erfüllen!

Ach Gott, sie war kein »Kreis, aus dem die Freudentränen quillen«, sondern ein alterndes Fräulein, das jetzt beinahe lächerlich und ein bißchen verschroben an ihrem Fensterchen hockte, von Fieberschauern überrieselt, mit ziehenden Gliederschmerzen, und mit jedem Atemzug den schneidenden Krampf fürchtete, der durch die Lungen fuhr.

Jetzt lag der See im Nebel.

Einmal, früher, hatte sie geschrieben:

Ich beuge mich lauschend am Turme her,
Sprühregengeflitter fährt in die Höh,
Wie ist meine Locke feucht und schwer,
Was treibst du denn, unruhiger See ...

Sprühregengeflitter! Sie mußte es jetzt meiden, alles mußte gemieden werden, was diesen hinfälligen Bau, ihren Körper, angreifen und gefährden könnte – wollte sie es denn? Wollte sie ihn noch schonen, den unnützen, sterbewilligen Leib? Wozu?

Es kamen bessere Tage, hellere Nächte, in denen sogar das Mondlicht weißer blinkte als sonst, und in denen sie sich nach etwas Leibhaftigem sehnte, dem sie in ihrem Halbtraum schon entrückt gewesen war.

Dann ließ sie sich die Nichten bringen, Hildegard und Hildegund, die beiden rotbackigen Blondschöpfe, die eine rötlicher, die andere flächsern. Die trabten unordentlich laut ins Zimmer und riefen gleich: »Tante Nette!«

Annette lag in ihrem Sessel, und als die Kinder hereintappten, bereute sie einen Augenblick lang ihren Wunsch – wahrscheinlich würde der Besuch ihr doch zu laut werden. Es gab dann auch wirklich ein heftiges Gerede, denn die Mädchen hatten von den Dienstboten einiges Interessante gehört, was die Tante unbedingt wissen mußte: Ein Pferd war krank geworden, ein waghalsiger Fischer war bei Sturm auf den See hinausgerudert und beinahe ertrunken ... Erschöpft versank Annette, als die Mädchen sie unter Scherzen und Lachen verlassen hatten, wieder in ihre Träume, tauchte immer mehr und tiefer in die Welt der Erinnerungen und Visionen ein, in ein seit je gesuchtes und schon vertrautes Land, wie jener Chinese, von dem sie gelesen hatte, daß er in sein eigenes Gemälde hineingewandert und nie mehr daraus zurückgekehrt sei ...

Ins eigene Werk eingehen – wahrhaftig: Sie wußte jetzt, daß sie eine neue Welt geschaffen, neue, andere, weitere Horizonte geöffnet und die Deutung und Sinngebung hinzugetan hatte, wie es ihr aufgegeben und eingegeben war.

Die nächsten Tage um die Maimitte waren ihr im Halbdäm-

mer am offenen Fenster hingegangen, und die Nächte mit
häufigem Aufschrecken in einem Erstickungsgefühl, zwischen dem Aufatmen vor dem glitzernden Sternenhimmel
und dem hauchleisen Schlag des Wellenschaums, in den
Rhythmen ihrer Verse und den Bildern ihrer Gesichte;
brachte man ihr zu essen, mühte sie sich, ein paar Bissen zu
schlucken, bis die Enge in Brust und Hals sie zum Aufhören
zwang.

Manchmal würgte sie der Bluthusten, manchmal wirbelten
Fieberkreise vor ihren Augen, aber mehr noch versank sie
ergeben und matt in ihre farbig schwebende Welt, hörte
eine bisher nie gekannte Sprache und nie gesprochene
Laute und Lieder.

Man führte sie auch, an guten Tagen, hinunter ins Gärtchen,
zwischen Jasmin und Flieder, bis sie die Düfte betäubten
und sie zurück verlangte.

Einmal noch, sagte sie, möchte sie mit Jenny singen, wenn
es ihre Stimme ihr zuliebe täte, und Jenny, die malend
neben ihr saß, stand erstaunt auf, zeigte ihr das kleine
Pinselwerk und half ihr, sich aufzurichten.

Dann nahm Annette ein Notenblatt, versuchte ein paar
Töne – und ließ Jenny den Melodienpart, während sie
selber, einfallend und tremolierend, eine phantastische
Begleitung intonierte, heiser, anschwellend, verebbend,
bis sie sich wieder auf ihren Bettrand setzte und das
Taschentuch an den Mund drückte.

Danach, heißt es, sang sie nicht mehr, sie zählte ihre
Schritte und war stolz, wenn sie es auf ein paar Hundert
gebracht hatte, sie kritzelte wohl auch, unlesbar für andere,
auf ein Papierblatt und sprach leise und kaum verstehbar zu
Jenny oder den Kindern, die scheu hereinsahen.

Als das Mädchen mit dem Tablett ihr die Suppe bringen wollte, lag sie im Stuhl, das Gesicht im Schatten, wie eingeschlummert in der heißen Maisonne; eine Schwalbe war ins Fenster geflogen und kreiste um das Stubenrund, und auf dem Päonienstrauß saß ein weißer Schmetterling. Die Magd ging leise wieder hinaus und ließ das Tablett stehen.

Als Jenny kam, nach Annette zu sehen, fand sie eine Tote. Es war der 24. Mai 1848.

### Letzte Worte

Geliebte, wenn mein Geist geschieden,
So weint mir keine Träne nach;
Denn, wo ich weile, dort ist Frieden,
Dort leuchtet mir ein ew'ger Tag!

Wo aller Erdengram verschwunden,
Soll euer Bild mir nicht vergehn,
Und Linderung für eure Wunden,
Für euern Schmerz will ich erflehn.

Weht nächtlich seine Seraphsflügel
Der Friede übers Weltenreich,
So denkt nicht mehr an meinen Hügel,
Denn von den Sternen grüß ich euch!

# Anhang

## Handelnde Personen

| | |
|---|---|
| Freiin von Droste zu Hülshoff, | 10. 1. 1797 |
| Anna Elisabeth (Annette) | bis 24. 5. 1848 |
| Eltern: | |
| Clemens August II. Frhr. v. Droste zu Hülshoff | 1760–1826 |
| Therese, geb. v. Haxthausen | 1772–1853 |
| Geschwister: | |
| Ferdinand, Frhr. v. Droste zu Hülshoff | 1800–1829 |
| Werner, Frhr. v. Droste zu Hülshoff (9 Kinder) | 1798–1867 |
| Maria Anna (Jenny), Freiin v. Droste zu Hülshoff, verh. | |
| Freifrau v. Laßberg | 1795–1859 |
| deren Kinder: (Zwillinge) | |
| Hildegunde | 1836–1914 |
| Hildegard | 1836–1909 |
| | |
| Arnswaldt von, August, Jurist | 1798–1855 |
| Laßberg, Freiherr von, Joseph, Besitzer der Meersburg | 1770–1855 |
| Plettendorf, Maria Katharina, Amme der Droste | 1763–1845 |
| Schlüter, Christoph Bernhard, Prof. zu Münster (blind) | 1801–1884 |
| Schücking, Levin, Journalist, Freund der Droste | 1814–1883 |
| Schücking, Luise, geb. von Gall (Heirat mit Levin 1843) | gest. 1855 |
| Sprickmann, Anton Matthias, lit. Berater u. Freund, | 1749–1842 |
| Straube, Heinrich, Freund der Brüder Grimm | 1794–1847 |

# Erwähnte Personen

Busch, Katharina, verh. Schücking, Mutter Levins     1791–1831
Freiligrath, Ferdinand, Dichter     1810–1876
Friedrich Wilhelm IV., König von Preußen     1795–1861
Grimm, Jakob, Dichter, Sammler, bek. Romantiker     1785–1863
Grimm, Wilhelm, Dichter, Sammler     1786–1859
Kerner, Justinus, Dichter und Arzt     1786–1862
Ludwig, König von Bayern     1786–1868
Montez, Lola (Gilbert) Maitresse v. König Ludwig     1818–1861
Uhland, Ludwig, Dichter und Politiker     1787–1882

# Zu den Personen

*Annette von Droste-Hülshoff,* aus sehr altem Geschlecht der Drosten von Hülshove, das seit fast tausend Jahren in Westfalen ansässig war und dort öffentliche Ämter (Drost = Landrat) innehatte. Die Wasserschlösser des westfälischen Adels mit ihrer düsteren eigenartigen Atmosphäre trugen mit bei zu der dunkel-dämonischen Tonart der Verse der Dichterin. Ihre Themen reichen von der einfühlsamen sprachlichen Naturbeschreibung über Sagenerzählungen, Balladenstoffe und menschliche Konflikte bis zu Formulierungen inneren Erlebens, das, im »Geistlichen Jahr« der katholischen Tradition nachgehend, in tiefe seelische Bezirke hineinführt. Daneben geht ein scharf pointierter humoriger Ton, manchmal sarkastisch, oft mit genialen Wendungen. Mit einer bei dieser gehaltenen, beherrschten Frau erstaunlichen Offenheit werden plötzlich Erkenntnisse und Bekenntnisse sichtbar; die Form ist oft unerwartet modern, wenn auch meist in Reime gegliedert.

*Der Vater, Clemens August II., Freiherr von Droste-Hülshoff,* war ein weicher, stark romantisch empfindender Mann mit vielerlei verspielten Neigungen zu Botanik, Tieren, Musik, und, obwohl standesgemäß als Offizier ausgebildet, ein fast femininer Typ, kein Organisator und Beherrscher seiner 100-Dörfer-Domäne.

*Die Mutter, Therese Freifrau von Droste-Hülshoff, geborene von Haxthausen,* war eine energische, kluge, organisationsbegabte, starr in ihren Konventionen verharrende Frau, die die Verwaltung der Güter und Finanzen neben vielerlei gesellschaftlichen Verpflichtungen und der Erziehung ihrer vier Kinder mit ihrer starken Persönlichkeit und Vitalität bewältigte. Ihre beherrschende Haltung Annette und deren Neigungen gegenüber wirkte lange Zeit hemmend auf deren Entfaltung.

*Ferdinand,* der jüngste Bruder, der wohl dem Vater am meisten glich, starb früh an der Schwindsucht – ein geliebter Spielgefährte in Annettes Kinderjahren.

223

*Jenny,* 2 Jahre älter, eigentlich Maria Anna, war eine liebe- wenn auch nicht immer verständnisvolle Schwester, die erst spät (1834) den wesentlich älteren Freiherrn von Laßberg als dessen dritte Frau heiratete (lange Kämpfe mit der Mutter um deren Zustimmung!) Ihre Töchter, Hildegard und Hildegunde, wurden 1836 geboren (Zwillinge.)

*Werner,* der wenig jüngere Bruder und spätere Majoratsherr, war ein kräftiger, begabter und seinen schwierigen Aufgaben durchaus gewachsener Mann, später Vater einer zahlreichen Kinderschar, häufiger Gastgeber Annettes.

*August von Arnswaldt,* Jurastudent, publizierte gelegentlich, kam mit den jungen Onkeln nach Hülshoff und umwarb Annette, die ihm von der Mutter zugedacht war – er war adlig, hübsch, gut erzogen und hatte berufliche Chancen. Annette hatte ihn gern, nicht mehr.

*Freiherr Joseph von Laßberg,* Annettes Schwager. Seine erste Frau starb kinderlos, die zweite, Fürstin Fürstenberg, mit der er als ihr Forstmeister zusammenlebte und die er dann heiratete, starb nach kurzer Ehe. Laßberg galt in Romantikerkreisen als Kapazität, hatte einem Sammler die berühmte C-Handschrift des Nibelungenliedes »abgejagt« und beherbergte auf seinem Schweizer Schloß Eppishausen im Thurgau einen großen Kreis von Dichtern und Altertumsforschern, war Magister Artium und schrieb seine Briefe meist in mittelhochdeutscher Sprache. Annette belächelte seine »brottrockene Gelehrsamkeit« ein wenig, er wußte seinerseits mit ihrem Werk nicht viel anzufangen; doch war sie immer gern gesehener Gast auf der Meersburg, die er 1838 kaufte, und wo auch Annette 1848 starb. Sein Grab liegt nah bei dem der Annette.

*Plettendorf, Maria Katharina, genannt Kathinka,* war Annettes Amme, mit der sie zeitlebens sowohl emotional als auch räumlich eng verbunden war. Sie nannte sie »Mütterchen«, während Frau von Droste »die Mama« hieß.

*Schlüter, Christoph Bernhard,* Professor zu Münster, literarischer Berater der Droste, nach einem Jugendunfall erblindet. Empfänger zahlreicher Briefe der Dichterin.

*Schücking, Levin,* Journalist, junger Freund der Droste, Vermittler von Verlagen und Rezensionen, zunächst als ihr »Kind«, später als die große Liebe empfunden. Er heiratet 1843 Luise von Gall, die ihm einen Sohn schenkt. Wendet sich später unter dem Einfluß seiner Frau von Annette ab und »schulmeistert« sie und ihre Arbeit.

*Straube, Heinrich,* Jurist, Freund der Brüder Grimm, von Annette in einer komplizierten Beziehung (Arnswaldt) geliebt, bleibt unverheiratet und bewahrt eine Locke der Dichterin bis ans Lebensende auf . . .

# Zeittafel

1795    Geburt der Schwester Maria Anna (Jenny)

10. 1. 1797    Geburt der Annette von Droste-Hülshoff auf Schloß Hülshoff, als zweites Kind des Clemens August II., Freiherrn von Droste-Hülshoff, und der Therese, Freifrau von Droste-Hülshoff

1798    Geburt des Bruders Werner Konstantin

1800    Geburt des Bruders Ferdinand (Nandeken)

1804–1808    Zahlreiche dichterische Versuche (Verse), davon 30 bekannt

Januar 1810    Bekanntschaft mit Anton Matthias Sprickmann (geb. 1749), dem ersten literarischen Mentor, und der Dichterin Katharina Busch, spätere Schücking (geb. 1791)

ab 1812    Entstehung des Rittergedichts »Walter« und des Dramenfragments »Berta«

1813    Besuche Annettes bei der Großmutter in Bökendorf. Diese gibt die erste Anregung für Gedichte, die später als »Das geistliche Jahr« veröffentlicht werden

1819/20    Zeit mit August von Arnswaldt und Heinrich Straube

Sommer 1820    Bruch mit Arnswaldt und Straube

1821    Abschluß des 1. Teils der geistlichen Gedichte

1826    Heirat des Bruders Werner Konstantin mit Karoline von Wendt-Papenhausen. Das junge Paar erbt Schloß Hülshoff

| 25. Juli 1826 | Tod des Vaters. Annette zieht mit Mutter und Schwester nach Rüschhaus, einem benachbarten Besitz der Familie |
| 1829 | Tod des Bruders Ferdinand |
| –1838 | entstehen die großen Erzählgedichte: »Das Hospiz auf dem großen St. Bernhard«, »Des Arztes Vermächtnis«, »Die Schlacht im Loener Bruch« |
| 1834 | Jenny heiratet Freiherr Joseph von Laßberg, den späteren Besitzer der Meersburg |
| August 1835 | Besuch Annettes bei der Schwester in Eppishausen (Schweiz), etwa ein Jahr |
| 1838 | Erster Gedichtband erscheint. Absatz keine hundert Exemplare, zusammengestellt von den Freunden Christof Bernhard Schlüter und Wilhelm Junkmann. Er enthält »Das Hospiz auf dem großen St. Bernhard«, »Das Vermächtnis des Arztes« und »Die Schlacht im Loener Bruch«, sowie geistliche Gedichte |
| 1837/38 | »Kleine Hecken-Schriftstellergesellschaft« in Münster um Annette und Levin Schücking (geb. 1814), den Sohn der Katharina Busch. Beginn der Arbeit an »Die Judenbuche« |
| 1839/40 | Vollendung von »Das geistliche Jahr« |
| 1841 | Besuch bei Jenny auf der Meersburg |
| Winter 1841/42 | Zusammen mit Levin Schücking, der als Bibliothekar von Laßberg angestellt wird, auf der Meersburg. Es entstehen zahlreiche Gedichte. Glückliche Zeit mit Levin Schücking |
| 2. April 1842 | Levin Schücking verläßt die Meersburg |
| 1842 | Veröffentlichung von »Die Judenbuche« in Cottas »Morgenblatt« |
| August 1842 | Annette reist zurück nach Rüschhaus |
| September 1843 | Zweiter Besuch Annettes in Meersburg |
| November 1843 | Ersteigerung des »Fürstenhäusles« oberhalb der Meersburg durch das Honorar für die Gesamtaus- |

gabe der Gedichte (sie erscheinen 1844). Vermählung von Levin Schückin mit Luise von Gall. Bruch der Freundschaft mit Levin Schücking

1844 Eine Sammlung von lyrischen Gedichten und Balladen, hauptsächlich ab 1841 entstanden, unter Mithilfe von Levin Schücking zusammengestellt, erscheint: Naturlyrik, Liebeslyrik, persönliche Gedichte. Die Balladen thematisieren häufig das Übersinnliche, u. a. »Der Spiritus familiaris des Roßtäuschers«, »Der Knabe im Moor«

Herbst 1844 Rückreise nach Rüschhaus

1846 Levin Schücking veröffentlicht den Roman »Die Ritterbürtigen«

September 1846 Letzter Aufenthalt auf der Meersburg

24. Mai 1848 Tod auf der Meersburg

26. Mai 1848 Beisetzung auf dem Meersburger Friedhof

1851 Aus dem Nachlaß erscheint, von Christof Bernhard Schlüter herausgegeben, »Das geistliche Jahr«, mit 72 Gedichten für die Zeit von Neujahr bis Silvester

1862 Die 1844 erschienene Sammlung von Gedichten wird durch Levin Schücking aus dem Nachlaß ergänzt (»Letzte Gaben«) und herausgegeben

# Quellenverzeichnis

Aus den zahlreichen Veröffentlichungen über Annette von Droste-Hülshoff, die als Quellen, soweit brauchbar, benutzt wurden, ergibt sich äußerlich das Bild eines relativ ereignisarmen, in den Grenzen der Konvention gefangenen Frauenlebens; umso dramatischer verläuft freilich die innere Entwicklung einer genial begabten, für alle Schwingungen ihrer Epoche sensiblen und als Seherin und Deuterin sozialer Bewegungen und geistiger Entwicklungen bedeutenden Frau. Ihre ahnungsvollen und oft scharf formulierten Einsichten in das soziale Gefüge und die Situation der Frau in Geschichte und Gesellschaft werden erst heute voll zu würdigen sein.

Eine solche anerkennende Einordnung wird hier »aus dem Geist« der Dichterin heraus mit intensiver Einfühlung versucht.

*Annette von Droste-Hülshoff*, Leben in Bildern. Reihe: Westfälische Kunst, hgg. im Auftrag des Landschaftsverbandes Westfalen-Lippe von Landeskonservator Theodor Rensing.

*Annette von Droste-Hülshoff*, zum 100. Geburtstag; Ausgabe von Reinhold Schneider, Liechtensteinverlag Vaduz, 2 Bände.

*Anna Elisabeth von Droste-Hülshoff*: den Verwandten, den Freunden, dem Volk der Dichterin, gewidmet von dem, der es setzte. Druck und Verlag C. Bertelsmann, 1979.

*Berglar, Peter von*: Annette von Droste-Hülshoff, in Selbstzeugnissen und Bilddokumenten dargestellt. Hgg. v. Kurt Kusenberg, Rowohlt-Monographien. Reinbek b. Hamburg 1967.

*Böhmer, Otto A. (HG)*: Droste-Hülshoff: Bei uns zulande auf dem Lande, Prosaskizzen. Inseltaschenbuch, Frankfurt/Main 1983.

*Böttger, Fritz (HG):* Frauen im Aufbruch, Frauenbriefe. Luchterhand-
verlag 1979.

*Christaller, Helene:* Das Tagebuch der Annette, ein Stück aus dem
verborgenen Leben der Annette von Droste-Hülshoff. Druck u.
Verlag v. Friedrich Reinhardt, Basel.

*Dobat, Claus Peter:* 1830, Paris baut Barrikaden. in: Damals, das
Geschichtsmagazin, Heft 7, Juli 1984.

*Franck, Hans:* Annette, Droste, Roman. Deutsche Buchgemeinschaft
GmbH, Copyright 1937 bei Adolf Sponholzverlag, Hannover.

*Herre, Dr. Paul (Hg):* Die deutsche Revolution von 1848, von E.
Brandenburg. (Wissenschaft und Bildung) Verlag Quelle und
Meyer, Leipzig.

*Heselhaus, Clemens:* Annette Droste, das Leben einer Dichterin. Verl.
Aschendorf Münster, Westfalen 1951 (Rüschhausbücher).

*Hoffmann, E. T. A. :* Nachtstücke. Inseltaschenbuch 1982. bes.: Nach-
wort von Pikulik. Frankfurt.

*Huch, Ricarda:* Die Romantik. Rainer Wunderlich Verlag Tübingen
1951.

*Mc Introye, Juan:* Die Seele in den Wassern. Verlag 2001. Ein Buch zu
Ehren der Wale und Delphine.

*Kemminghausen, Karl Schulte:* Annette im Rüschhaus. Verl. Aschendorf, Münster 1983.

*Kölner Informantenpresse:* Literarische Geheimberichte, Protokolle
der Metternichagenten. 1981.

*Laaths, Erwin:* Das Gedicht. Deutsche Lyrik von den Anfängen bis zur
Gegenwart. Droemersche Verlagsanstalt München 1951.

*Lavater-Sloman, Mary:* Einsamkeit – Annette von Droste-Hülshoff.
Artemis-Verlag 1950 Zürich.

*Mühlen, Franz:* Burg Hülshoff, erbaut um 1200, Geburtsstätte der
Dichterin Annette von Droste-Hülshoff. In: Westfälische Kunststät-
ten: Burg Vischering.

*Nick, Walter:* Wallfahrt zur Dichtung. Artemis-Verlag Stgt.-Zürich
1966.

*Scheer, Helma (Hg):* Annette von Droste: Spiegelbild und Doppellicht, Prosa, Briefe, Gedichte. Sammlung Luchterhand Darmstadt
1983.

*Schücking, Levin:* Die Ritterbürtigen. Roman. Nach der 1. Auflage neu herausgegeben, mit einer Einleitung versehen v. Julius Schücking. Cheissing Verlagsbuchhandlung Münster 1829.

*Stadelmann, Rudolf:* Soziale und politische Geschichte der Revolution von 1848. Münchener Verlag, bisher Bruckmannverlag 1948.

*Vesper, Will:* Die Bücher der Rose, 12. Band, Das zweite Buch der Ernte (seit Goethe). Ernte aus acht Jahrhunderten deutscher Lyrik. Verl. Langewiesche-Brandt, Ebenhausen bei München 1919.

Die Wiedertäufer in Münster. Westf. Vereinsdruckerei Münster 1983.